ILE DE LA RÉUNION

NOTICE

BIBLIOGRAPHIQUE

SUR

MADAGASCAR

PAR

PASCAL CRÉMAZY

Avocat à la Cour d'Appel de l'Ile de la Réunion
Conseiller général

Imp. Th. Drouhet fils, rue de l'Eglise, 48.

1884

ILE DE LA RÉUNION

NOTICE

BIBLIOGRAPHIQUE

SUR

MADAGASCAR

PAR

PASCAL CRÉMAZY

Avocat à la Cour d'Appel de l'Ile de la Réunion
Conseiller général

Imp. Th. Drouhet fils, rue de l'Eglise, 48.

1884

SERIE DES OUVRAGES

SUR

MADAGASCAR

Au moment où tous les esprits sont tournés vers Madagascar, il est certainement utile de publier le catalogue le plus complet des documents qui ont été imprimés, depuis sa découverte jusqu'à nos jours, sur la grande île Africaine.

Histoires, voyages, précis, aventures, relations, monographies, excursions, descriptions, observations, notes, géographies, traités, cartes, décrets, déclarations, arrêtés, etc., etc.

Le lecteur n'aura que l'embarras du choix pour se procurer, suivant les renseignements qu'il voudra recueillir ou les études qu'il sera désireux d'entreprendre, tous les éléments d'appréciation les plus propres à l'éclairer sur tous les points de la question de Madagascar, si intéressante pour la France et particulièrement pour la Colonie de la Réunion.

CODE HOVA

Article 1er. — Il y a peine de mort, vente des femmes et des enfants et confiscation des biens, pour :

1° La désertion à l'ennemi ;

2° Pour celui qui cherchera à procurer les femmes des princes et des ducs ;

3° Pour celui qui cache une arme quelconque sous ses vêtements ;

4° Pour celui qui fomente une révolution ;

5° Pour celui qui entraîne des hommes en dehors du territoire hova.

6° Pour celui qui viole les cachets et contrefait les signatures ;

7° Pour quiconque forniquo avec des vaches ;

8° Pour qui découvre, fouille ou dénonce une mine d'or ou d'argent ;

9° Les ducs ne peuvent perdre leurs femmes et leurs enfants que pour les crimes ci-dessus.

Art. 2. — Celui qui répand de faux bruits en dehors d'Andohala ou du Champ de Mars sera lié par ceux qui l'entendront et conduit aux juges.

Art. 3. — Celui qui fera emploi de faux poids, fausses mesures, et qui profite de sa force pour obliger un individu à lui acheter ou à lui vendre, est déclaré coupable.

Art. 4. — Je n'ai d'ennemis que la famine ou les inondations ; quand les digues ou rivières seront brisées, si les avoisinants ne suffisent pas pour les arranger, tout le peuple devra donner la main pour en finir tout de suite. Si la digue de Vohilara (rizière avant Tananarive) est avariée, tout le peuple se réunira pour la réparer immédiatement.

Art. 5. — Quand il y aura une corvée et que parmi ceux qui doivent cette corvée il y en ait de trop ou de malades, celui qui est chargé de cette corvée, s'il paye des hommes pour les remplacer et qu'ensuite il fasse payer plus cher qu'il n'a réellement donné, celui-là est coupable.

Art. 6. — Celui qui, dans un procès, corrompt ou cherche à corrompre les juges, perd son procès et est condamné à 50 piastres d'amende, et, s'il ne peut pas payer cette amende, il est vendu.

Art. 7. — Celui qui achète aux blancs ou aux peuples soumis aux hovas, et qui emporte les marchandises sans les payer, sera saisi et vendu, ainsi que tous ses biens, pour payer la valeur des marchandises qu'il a emportées.

Art. 8. — Celui qui achète un objet et donne un à-compte, si ensuite il n'a pas assez d'argent pour payer la somme totale, est obligé de rendre l'objet et perd l'à-compte.

Art. 9. — Quand vous aurez donné à vos propres enfants, ou à ceux que vous aurez adoptés, une partie de vos biens, et que plus tard vous ayez à vous en plaindre, vous pourrez les déshériter et même les méconnaître.

Art. 10. — Si un orphelin ne se conduisait pas bien envers ses grands parents, ces derniers peuvent le méconnaître, quand bien même il serait soldat.

Art. 11. — Quand vous prendrez un enfant pauvre et que vous l'élèverez comme votre enfant, si, après votre mort, il réclamait une partie de vos biens, il ne pourrait rien avoir, à moins qu'il ne prouve par témoins que vous l'avez adopté pour fils.

Art. 12. — Si vous employez de faux témoignages pour un procès, vous perdez ce procès, et vous êtes condamné à perdre la moitié de la valeur de ce que vous réclamez.

Art. 13. — Si quelqu'un veut faire un procès pour un terrain que vous aurez acheté, mais dont le vendeur est mort depuis la vente, il perdra son procès et sera condamné à 50 piastres d'amende.

Art. 14. — Si quelqu'un emmène un esclave sans la permission de son maître, il est condamné à rendre l'esclave et à en payer le montant à titre d'amende.

Art. 15. — Les esclaves de la province d'Emyrne ne peuvent être vendus en dehors de cette province. Si quelqu'un s'écarte de cette loi, il est déclaré coupable.

Art. 16. — Si quelqu'un fait paître des bœufs dans des pâturages qui appartiennent à un autre et qu'il ne retire pas ses bœufs à la première sommation, il sera condamné à 1 piastre d'amende par bœuf.

Art. 17. — Si vous avez des peines ou des chagrins, soit hommes, femmes ou enfants, faites-en part aux officiers et aux juges de votre village, afin que vos peines ou vos chagrins me parviennent.

Art. 18. — Quand un homme ivre se battra avec le premier venu, lui dira des injures ou détériorera des objets qui ne lui appartiennent pas, liez-le, et lorsqu'il aura recouvré la raison, déliez-le et faites-lui payer les dégâts qu'il a commis.

Art. 19. — Ceux qui auront acheté de la poudre et des fusils ont ordre d'apporter cette poudre et ces fusils au gouvernement, et ils ne seront pas considérés comme coupables, parce que la poudre et les fusils ne peuvent appartenir qu'aux soldats.

Art. 20. — Si, quand vous jouez ou pariez, vous vous servez d'argent qui n'est pas à vous, vous serez condamné à rendre cet argent, plus à 20 piastres d'amende.

Art. 21. — Soyez tous amis ensemble, entendez-vous bien, parce que je vous aime tous également et ne veux retirer l'amitié de personne.

Art. 22. — Un chef ou un commandant qui dit à ceux qui sont sous ses ordres de lui prêter la main pour un travail qui lui est personnel, et qui garde rancune à celui qui n'aura pas voulu lui prêter son concours et qui lui fait supporter sa rancune dans le service, sera considéré comme coupable.

Art. 23. — Vous êtes chef et vous avez du monde sous vos ordres. Si un chef plus gradé que vous vous prie de lui donner la main pour un travail à lui et que vous employez à cet effet mon peuple pour avoir ses bonnes grâces, je vous considère comme coupable.

Art. 24. — Vous êtes grand, chef etc. On place chez vous de l'argent, parce qu'on a confiance en vous ; si plus tard ce chef ne veut pas rendre et qu'il est prouvé qu'il a été vraiment dépositaire de la somme qu'on lui réclame, il sera condamné à rendre la somme et à payer une amende de 100 piastres.

Art. 25. — Celui qui fabrique des sagaies est coupable.

Art. 26. — Celui qui aura des médecines qui ne lui viendront pas de ses ancêtres, ordre de les jeter.

Art. 27. — Celui qui ne respecte pas certains dons et usages qui proviennent d'Andrianampœnenerina paiera 100 piastres d'amende.

Art. 28. — Celui qui ne suivra pas nos lois sera marqué au front et ne pourra pas porter les cheveux longs, ni aucune toile propre, ni le chapeau sur la tête.

On peut y ajouter l'article suivant :
Tout homme non marié est déclaré mineur.

Les 26 premiers articles proviennent des ordonnances données par Andrianampœnemerina (seigneur désiré d'Emyrne) père de Radama I et fondateur de la puissance hova.

Traité de Paix et de Commerce

Décret impérial portant promulgation du Traité de paix et de commerce conclu, le 8 août 1868, entre la France et Madagascar.

NAPOLÉON : Sur le rapport de notre ministre secrétaire d'État au département des affaires étrangères ; Avons décrété et décrétons ce qui suit :

Article 1er

Un traité de paix et de commerce ayant été conclu, le 8 août 1868, entre la France et Madagascar, et les ratifications de cet acte ayant été échangées à Tananarive, le 29 décembre 1868, le dit traité dont la teneur suit recevra sa pleine et entière exécution :

Traité

Sa Majesté l'Empereur des Français et Sa Majesté la Reine de Madagascar, mutuellement animés du désir de favoriser le développement des relations commerciales entre leurs États respectifs, ont résolu de conclure un traité de paix et de commerce et ont, en conséquence, nommé leurs plénipotentiaires :

Sa Majesté l'Empereur des Français, le sieur Benoît Garnier, consul de France, chevalier de la Légion d'honneur,

Et Sa Majesté la Reine de Madagascar, les sieurs Rainimahoravo, chef de la secrétairerie d'Etat, 16e honneur ; Rainandriantsilavo, 15e honneur, officier du palais ; Ralaitsirofo, chef juge, Rafaralahibemalo, chef notable ;

Lesquels, après s'être communiqué leurs pleins pouvoirs trouvés en bonne et due forme, sont convenus des articles suivants :

Art. 1ᵉʳ. — Il y aura désormais et à perpétuité, paix, bonne entente et amitié entre Sa Majesté l'Empereur des Français et sa Majesté la Reine de Madagascar et entre leurs héritiers, successeurs et sujets respectifs.

2. — Les sujets de chacun des deux pays pourront librement entrer, résider et circuler dans toutes les parties de l'autre pays placées sous l'autorité d'un gouverneur, en se conformant à ses lois ; ils y jouiront de tous les privilèges, avantages et immunités accordés aux sujets de la nation la plus favorisée.

3. — Les sujets français, dans les Etats de Sa Majesté la Reine de Madagascar, auront la faculté de pratiquer librement et d'enseigner leur religion et de construire des établissements destinés à l'exercice de leur culte, ainsi que des écoles et des hôpitaux. Ces établissements religieux appartiendront à la Reine de Madagascar, mais ils ne pourront jamais être détournés de leur destination.

Les Français jouiront, dans la profession, la pratique et l'enseignement de leur religion, de la protection de la Reine et de ses fonctionnaires, comme les sujets de la nation la plus favorisée.

Nul Malgache ne pourra être inquiété au sujet de la religion qu'il professera, pourvu qu'il se conforme aux lois du pays.

4. — Les Français, à Madagascar, jouiront d'une complète protection pour leurs personnes et leurs propriétés. Ils pourront, comme les sujets de la nation la plus favorisée, en se conformant aux lois et règlements du pays, s'établir partout où ils le jugeront convenable, prendre à bail, acquérir toute espèce de biens meubles et immeubles, et se livrer à toutes les opérations commerciales et industrielles qui ne sont pas interdites par la législation intérieure. Ils pourront prendre à leur service tout Malgache qui ne sera ni esclave, ni soldat, et qui sera libre de tout engagement antérieur. Cependant, si la Reine requiert ces travailleurs pour son service personnel, ils pourront se retirer,

après avoir préalablement prévenu ceux qui les auront engagés.

Les baux, les contrats de vente et d'achat et les contrats d'engagements de travailleurs seront passés par actes authentiques devant le consul de France et les magistrats du pays.

Nul ne pourra pénétrer dans les établissements ou propriétés possédés ou occupés par des Français sans le consentement de l'occupant, à moins que ce ne soit avec l'intervention du consul.

En l'absence du consul ou de tout autre agent consulaire, et, dans le cas où l'on aurait la preuve que des criminels poursuivis par la justice se trouvent cachés dans ces établissements, l'autorité locale pourra les y faire rechercher, en prévenant toutefois l'occupant avant d'y pénétrer.

Les Français ne pénétreront pas non plus dans les maisons des Malgaches contre le gré de l'occupant.

5. — Les hautes parties contractantes se reconnaissent le droit réciproque d'avoir un agent politique résidant auprès de chacune d'elle et de nommer des consuls ou agents consulaires partout où les besoins l'exigeront. Cet agent politique et ces consuls ou agents consulaires jouiront des mêmes droits et prérogatives qui pourront être accordés aux agents de même rang de la puissance la plus favorisée ; ils pourront arborer le pavillon de leur nation respective sur leur habitation.

6. — Les autorités dépendant de Sa Majesté la Reine de Madagascar n'interviendront pas dans les contestations entre Français, qui seront toujours et exclusivement *du ressort* du consul de France, ni dans les différends entre Français et autres sujets étrangers. Les autorités françaises n'interviendront pas non plus dans les contestations entre Malgaches, qui seront jugées par l'autorité malgache.

Les litiges entre Français et Malgaches seront jugés par le consul de France, assisté d'un juge Malgache.

7. — Les Français seront régis par la loi Fran-

çaise pour la répression de tous les crimes et délits commis par eux à Madagascar. Les coupables seront recherchés et arrêtés par les autorités malgaches, à la diligence du consul de France auquel ils devront être remis et qui se chargera de les faire punir conformément aux lois françaises.

Les Français reconnus coupables d'un crime pourront être expulsés de Madagascar.

8. — Sa Majesté la Reine de Madagascar s'engage à livrer au consul de France, sur son invitation et lorsqu'on l'aura atteint, tout sujet français traduit pour crime devant les cours de justice française et qui se serait réfugié à Madagascar.

9. — L'autorité locale n'aura aucune action à exercer sur les navires de commerce français qui ne relèvent que de l'autorité française et de leurs capitaines. L'entrée leur sera donnée à leur arrivée.

En l'absence des bâtiments de guerre français, les autorités malgaches devront, si elles en sont requises par un consul ou un agent consulaire français, lui prêter main forte pour faire respecter son autorité par ses nationaux et pour rétablir et maintenir la discipline parmi les équipages de navires de guerre français.

Si les matelots ou autres individus désertent leurs bâtiments, l'autorité locale fera tous ses efforts pour découvrir et remettre le déserteur entre les mains du requérant.

10. — Si un Malgache élude ou refuse le payement d'une dette envers un Français, les autorités locales donneront toute aide et facilité au créancier pour recouvrer ce qui lui est dû, et, de même, le consul de France donnera toute assistance aux Malgaches pour recouvrer les dettes qu'ils auront à réclamer des Français.

11. — Les biens des Français décédés à Madagascar ou des Malgaches décédés sur le territoire français, seront remis aux héritiers ou, à leur défaut, au consul ou agent consulaire de la nation à laquelle appartient le décédé.

12. — Les navires français ne seront pas soumis à d'autres ni à de plus forts droits de navigation que ceux auxquels sont ou seront respectivement assujettis les navires nationaux et ceux de la nation la plus favorisée.

Sa Majesté la Reine de Madagascar s'engage à ne pas élever les droits de navigation actuellement existants.

Les navires français, qui relâchent dans les ports ou sur les côtes de Madagascar et qui n'y effectueront aucun chargement ni déchargement de marchandises, seront affranchis de tout droit de navigation.

Les navires malgaches jouiront de la même faveur dans les ports de France.

Aucun sujet malgache, s'il n'est muni d'un passe-port de l'autorité locale, ne pourra s'embarquer sur un navire français.

13. — Les bâtiments de guerre français auront les mêmes facilités que les navires de guerre de la nation la plus favorisée pour entrer, séjourner et se ravitailler dans les ports militaires, anses et rivières de Madagascar ; ils y seront soumis aux mêmes règles et jouiront des mêmes honneurs et privilèges.

Les navires de guerre malgaches auront, dans les ports de France, les mêmes honneurs et privilèges.

14. — Sa Majesté la Reine de Madagascar s'engage à ne prohiber l'entrée ni la sortie d'aucun article de commerce, sauf l'importation des munitions de guerre, que la Reine se réserve exclusivement, et l'exportation des vaches et des bois de construction.

15. — Les droits d'importation établis dans les ports de Madagascar sur les produits français ne pourront être plus élevés que ceux auxquels sont ou seront soumis les mêmes produits originaires ou importés par bâtiments de la nation la plus favorisée. Ces droits ne pourront, en aucun cas, excéder 10 0/0 de la valeur des marchandises.

Les droits « ad valorem » seront convertis en droits spécifiques, en vertu d'un tarif concerté entre le consul de France et les commissaires malgaches et qui devra être soumis à l'approbation de Sa Majesté l'Empereur et de la Reine de Madagascar.

16. — Les droits perçus à l'exportation des produits du sol et de l'industrie malgaches ne pourront excéder 10 0/0 de la valeur.

17. — Si un navire français en détresse entre dans un port de Madagascar placé sous l'autorité d'un gouverneur, l'autorité locale lui donnera toutes les facilités possibles pour se réparer, se ravitailler et continuer son voyage.

Si un navire fait naufrage sur les côtes de Madagascar, les autorités locales prêteront leur assistance au consul de France pour opérer le sauvetage, et les objets sauvés seront intégralement remis au propriétaire ou au consul qui les fera enlever.

Les navires malgaches auront droit à la même protection de la part des autorités françaises.

18. — Si quelque navire de commerce français était attaqué sur un point de la côte de Madagascar placé sous l'autorité d'un gouverneur, celui-ci, dès qu'il aura connaissance du fait, en poursuivra activement les auteurs et ne négligera rien pour qu'ils soient arrêtés et punis.

Les marchandises enlevées, en quelque lieu et en quelque état qu'elles se trouvent, seront remises au propriétaire ou au consul qui se chargera de les restituer.

Il en sera de même pour les actes de pillage et de vol qui pourront être commis à terre, dans les lieux placés sous l'autorité d'un gouverneur, sur les propriétés des français résidant à Madagascar.

La même protection sera accordée aux propriétés malgaches pillées ou volées, sur les côtes ou dans l'intérieur de l'empire français.

19. — Sa Majesté la Reine de Madagascar, désirant s'assurer le concours des bâtiments de Sa Majesté l'Empereur des Français pour la répres-

sion de la piraterie dans les eaux de Madagascar, reconnaît aux officiers de la marine impériale le droit d'entrer en tout temps avec leurs bâtiments dans les ports, rivières et anses de Madagascar, afin d'y capturer tout navire employé à la piraterie ; ces officiers pourront saisir et déférer au jugement des autorités compétentes tout individu prévenu d'actes de cette nature.

20. — Sa Majesté la Reine de Madagascar s'engage à empêcher la traite des noirs dans ses Etats.

Sa Majesté reconnaît aux croiseurs de la marine impériale le droit de visiter les navires malgaches et arabes soupçonnés de servir à la traite dans les eaux de Madagascar.

Sa Majesté consent, en outre, à ce que, dans les cas où il serait prouvé qu'ils sont employés au trafic des nègres, ces navires et leurs équipages soient traités comme s'ils avaient été employés à une entreprise de piraterie.

21. — Sa Majesté la Reine de Madagascar s'engage à abolir les épreuves judiciaires par le tanguin ou autre poison.

Dans le cas où, ce qu'à Dieu ne plaise, il y aurait guerre entre la France et Madagascar, tous les prisonniers qui tomberaient entre les mains de l'un ou de l'autre parti seront traités avec douceur et seront remis en liberté soit par échange pendant la guerre, soit sans échange après la conclusion de la paix, et les dits prisonniers, ne seront, sous aucun prétexte, faits esclaves ou mis à mort.

TRAITÉ DE COMMERCE

Entre la France et Madagascar

26 mai 1862

NAPOLÉON,

Par la grâce de Dieu et la volonté nationale, empereur des français. À tous ceux qui ces présentes verront, salut.

Désirant accroître et multiplier les rapports de bonne intelligence entre la France et Madagascar, nous avons estimé que le moyen le plus efficace de faciliter cet heureux développement serait de conclure avec S. M. le roi de Madagascar un traité d'amitié et de commerce.

A ces causes, nous confiant entièrement en la capacité, prudence, zèle et dévouement à notre service de M. Dupré, capitaine de vaisseau de notre marine impériale, commandant en chef de la division navale des côtes orientales d'Afrique, officier de notre ordre de la Légion d'honneur, etc., nous le nommons et constituons notre plénipotentiaire, à l'effet de signer avec le ou les plénipotentiaires de S. M. le roi de Madagascar, également munis de pleins pouvoirs en bonne forme, tels actes qui seraient de nature à amener le résultat avantageux que nous proposons.

Promettant d'accomplir et d'exécuter tout ce que notre dit plénipotentiaire aura stipulé et signé en notre nom, sans jamais y contrevenir ni permettre qu'il y soit contrevenu directement ni indirectement pour quelque cause et de quelque manière que ce soit, sous la réserve de nos lettres de ratification que nous ferons délivrer en bonne et due forme pour être échangées dans le délai qui sera convenu.

En foi de quoi nous avons fait apposer notre sceau impérial.

Fait à Paris, le 26 mai de l'an de grâce 1862.

Signé : NAPOLÉON.

Par l'Empereur :
THOUVENEL.

S. M. l'Empereur des français et S. M. le roi de Madagascar, voulant établir sur des bases solides les rapports de bonne harmonie qui existent si heureusement entre eux et favoriser le développement des relations commerciales entre leurs États respectifs, ont résolu de conclure un traité d'amitié et de commerce.

S. M. l'Empereur des français a nommé à cet effet : le capitaine de vaisseau Jules Dupré, commandant en chef de la division navale des côtes orientales d'Afrique ;

Et S. M. le roi de Madagascar :

Rainilaiariyony, commandant en chef ; Rahaniraka, ministre des affaires étrangères ; Rainiketaka, ministre de la justice.

Lesquels, après s'être communiqué leurs pleins pouvoirs, et les avoir trouvés en bonne et due forme, sont convenus des articles suivants :

1er. — Il y aura paix constante et amitié perpétuelle entre S. M. l'Empereur des Français ses héritiers et successeurs d'une part et S. M. le roi de Madagascar, ses héritiers et successeurs, d'autre part, et entre les sujets des deux États, sans exception de personnes ni de lieux.

2. — Les sujets des deux pays pourront librement entrer, résider, circuler, commercer dans l'autre pays, en se conformant à ses lois ; ils jouiront respectivement de tous les privilèges, immunités, avantages accordés dans ce pays aux sujets de la nation la plus favorisée.

3. — Les sujets français jouiront de la faculté de pratiquer ouvertement leur religion ; les missionnaires pourront librement prêcher, enseigner, construire des églises, séminaires, écoles, hôpitaux et autres édifices pieux où ils le jugeront convenable, en se conformant aux lois du pays. Ils jouiront de droit, de tous privilèges, immunités, grâces ou faveurs accordés à des missionnaires de nation ou de secte différente.

Nul malgache ne pourra être inquiété au sujet de la religion qu'il professera, en se conformant aux lois du pays.

4. — Les français auront la faculté d'acheter, de vendre, de prendre à bail, de mettre en culture et en exploitation des terres, maisons et magasins dans les États de S. M. le roi. Ils pourront choisir librement et prendre à leur service, à quelque titre que ce soit, tout Malgache non esclave et libre de tout engagement antérieur, ou traiter avec les propriétaires pour s'assurer les services de leurs esclaves : le propriétaire, dans ce cas, sera responsable de l'exécution du traité. Les baux, contrats de vente et d'achat, d'engagement de travailleurs seront passés par actes authentiques, par devant les magistrats du pays et le consul de France, et leur stricte exécution garantie par le gouvernement.

Nul ne pourra pénétrer dans les établissements, maisons ou propriétés possédés ou occupés par des français ou personnes au service des Français, ni même les visiter sans le consentement de l'occupant à moins que ce ne soit avec l'intervention du Consul.

5. — Les malgaches au service des français jouiront de la même protection que les français eux-mêmes ; mais, si les dits Malgaches étaient convaincus de quelque crime ou infraction punissable par la loi de leur pays, ils seraient livrés par l'intervention du conseil à l'autorité locale.

6. — Les français ne pourront être retenus contre leur volonté dans les États du roi, à moins qu'ils ne soient convaincus de crime.

7. — Les français voyageant dans l'intérêt de la science, géographes, naturalistes et autres, recevront des autorités locales toute la protection et l'aide susceptibles de favoriser l'accomplissement de leur mission.

8. — Les hautes parties contractantes se reconnaissent le droit réciproque d'avoir un agent politique résidant auprès de chacune d'elles, celui de nommer des consuls ou agents consulaires partout où les besoins du service l'exigeront. Cet agent politique, ces consuls et agents consulaires jouiront des mêmes droits et prérogatives qui pourront être accordés aux agents de même rang de la puissance la plus favorisée ; ils pourront arborer le pavillon de leur nation respective sur leur habitation.

9. — Les autorités dépendant du roi n'interviendront pas dans les contestations entre français et autres sujets chrétiens.

Dans les différends entre français et malgaches, la plainte ressortira au consul et au juge malgache jugeant ensemble.

Dans les différends de ce genre, la déposition d'un individu convaincu de faux témoignages dans une précédente occasion sera récusée, à moins qu'il ne soit prouvé qu'il dit la vérité.

10. — L'autorité locale n'aura aucune action à exercer sur les navires de commerce français et qui ne relèvent que de l'autorité française et de

leurs capitaines. Toutefois, en l'absence de bâtiments de guerre français, les autorités malgaches devront, si elles sont requises par un consul ou un agent consulaire français, lui prêter main forte pour faire respecter son autorité par ses nationaux, pour rétablir et maintenir la concorde et la discipline parmi les équipages des navires de commerce français.

Si les matelots ou autres individus désertent leur bâtiment, l'autorité locale fera tous ses efforts pour découvrir et remettre sur le champ le déserteur entre les mains du requérant.

11. — Si un français fait faillite à Madagascar, le consul de France prendra possession de tous les biens du dit failli et les remettra à ses créanciers pour être partagés entre eux. Cela fait, le failli aura droit à une décharge complète de ses créanciers. Il ne saurait être ultérieurement tenu de combler son déficit, et l'on ne pourra considérer les biens qu'il acquerra, par la suite, comme susceptibles d'être détournés à cet effet. Mais le consul de France ne négligera aucun moyen d'opérer, dans l'intérêt des créanciers, la saisie de tout ce qui appartiendra au failli dans d'autres pays, et de constater qu'il a fait l'abandon de tout ce qu'il possédait au moment où il a été déclaré insolvable.

12. — Si un malgache refuse ou élude le paiement d'une dette envers un français, les autorités locales donneront toute aide et facilité au créancier pour recouvrer ce qui lui est dû ; et de même le consul de France donnera toute assistance aux malgaches pour recouvrer les dettes qu'ils auront à réclamer des français.

13. — Les biens d'un français décédé à Madagascar, ou d'un malgache décédé sur le territoire français, seront remis aux héritiers ou exécuteurs testamentaires, ou, à défaut au consul ou aux agents consulaires de la nation à laquelle appartenait le décédé.

14. — Les navires français jouiront de plein droit dans les ports de Madagascar, de tous les privi-

lèges et immunités accordés à ceux de la nation la plus favorisée.

15. — Aucun article de commerce ne sera prohibé soit à l'importation, soit à l'exportation, dans les ports de Madagascar.

16. — Les marchandises importées ou exportées par navires malgaches dans les ports ou des ports de France y jouiront de tous privilèges et immunités accordés à la nation la plus favorisée.

17. — Si un navire français entre en détresse dans un port de Madagascar, l'autorité locale lui donnera toute l'aide et les facilités possibles pour se réparer, se ravitailler et continuer son voyage. Si un navire français fait naufrage sur les côtes de Madagascar, les naufragés seront accueillis avec bienveillance et secours. Les autorités locales donneront tous leurs soins au sauvetage, et les objets seront sauvés et remis intégralement au propriétaire ou au consul français. Les navires malgaches auront droit à la même protection de la part des autorités françaises.

18. — Si quelque navire de commerce français était attaqué ou pillé dans les parages dépendant du royaume de Madagascar, l'autorité du lieu le plus voisin, dès qu'elle aura connaissance du fait, en poursuivra activement les auteurs et ne négligera rien pour qu'ils soient arrêtés et punis. Les marchandises enlevées, en quelque lieu et dans quelque état qu'elles se trouvent, seront remises aux propriétaires ou au consul, qui se chargera de leur restitution. Il en sera de même pour les actes de pillage et de vol qui pourront être commis à terre, sur les propriétés des français résidant à Madagascar.

Les autorités locales, après avoir prouvé qu'elles ont fait tous leurs efforts pour saisir les coupables et recouvrer les objets volés, ne sauraient être pécuniairement responsables.

La même protection sera accordée aux propriétés malgaches pillées ou volées sur les côtes ou dans l'intérieur de l'empire français.

19. — Le présent traité ayant été rédigé

français et en malgache, et les deux versions ayant exactement le même sens, le texte français en sera officiel et fera foi, sous tous les rapports, aussi bien que le texte malgache.

20. — Tous les avantages résultant du présent traité d'amitié et de commerce seront étendus de plein droit et sans traité particulier à toutes les nations qui en réclameront le bénéfice.

21. — Le présent traité sera ratifié et les ratifications seront échangées à Madagascar, dans l'intervalle d'un an, à dater du jour de la signature ou plus tôt, si faire se peut, et le traité sera en vigueur dès que cet échange aura eu lieu.

Signé : RADAMA II.

RAINILAIARIVONY,
Commandant en Chef.

RAHANIRAKA,
Ministre des affaires étrangères.

RAINIKETAKA,
Ministre de la justice.

Article additionnel

Les droits de douane sur toutes les marchandises sont supprimés tant à l'entrée qu'à la sortie, par la volonté expresse de S. M. le roi Radama II ; ils ne seront pas rétablis pendant la durée de son règne. Le présent article additionnel, parafé par les signataires du traité, a la même valeur que les articles insérés dans le corps du traité lui-même.

Signé : R. R. RAINILAIARIVONY.
R. H. H. RAINIKETAKA.

CHARTE DE CONCESSION

En faveur de M. Lambert

DU 8 NOVEMBRE 1861

Nous, RADAMA II, ROI DE MADAGASCAR,

Vu notre charte en date du 15 alahamady, (28 juin 1855), par laquelle nous avons donné pouvoir exclusif à notre ami J. Lambert de constituer et de diriger une Compagnie, ayant pour but l'exploitation des mines de Madagascar et des terrains situés sur les côtes et dans l'intérieur ;

Attendu qu'il est important d'arrêter les termes de la charte définitive que nous accordons à J. Lambert pour les services qu'il nous a rendus et le mettre à même de former cette Compagnie que nous appelons de tous nos vœux, pour nous aider dans nos projets de civilisation de notre pays.

CHAPITRE I.

Nous autorisons J. Lambert à former une Compagnie ayant pour but l'exploitation des mines de Madagascar, des forêts et les terrains situés sur les côtes et dans l'intérieur. La dite Compagnie aura le droit de créer des routes, canaux, chantiers de construction, établissements d'utilité publique, faire frapper des monnaies à l'effigie du Roi ; en un mot, elle pourra faire tout ce qu'elle jugera convenable au bien du pays.

CHAPITRE II.

Art. 1ᵉʳ. — Nous accordons et concédons à la Compagnie le privilège exclusif de l'exploitation de toutes les mines de Madagascar, soit de celles qui sont déjà connues, soit de celles qui pourraient plus tard être découvertes.

Art. 2. — Nous accordons et concédons également à la dite compagnie, soit pour elle-même, soit pour ceux qu'elle admettra en participation de cette faculté, le privilège de choisir sur les côtes et dans l'intérieur du pays des terrains inoccupés pour être mis en culture. En conséquence la compagnie deviendra propriétaire des terrains qu'elle aura choisis, dès qu'elle aura fait connaître sa prise de possession.

Art. 3. — La Compagnie ne payera aucuns droits sur les minéraux exploités ni sur les produits qu'elle pourra faire.

Art. 4. — Les produits de l'exploitation des mines de Madagascar et de ses cultures jouiront du privilège de libre exportation, sans droits de sortie. Ses propriétés ne seront pas susceptibles d'être grevées d'impôts. Ce qui entrera pour le service de la Compagnie ne payera aucun droit.

Art. 5. — Nous nous engageons à favoriser cette Compagnie de tout notre pouvoir, et spécialement à l'aider à se procurer des travailleurs.

« Nous abandonnons à la Compagnie toutes les usines de Soatsimanaprovara afin de la mettre à même d'employer immédiatement des ouvriers.

« Nous abandonnons également le château de Soanirana, pour y établir le siége de son administration.

« De son côté, la Compagnie s'engage envers nous, par une réciprocité loyale, à nous aider selon son pouvoir, dans nos projets d'amélioration et de civilisation de notre pays, se rappelant qu'elle est fondée dans le but de procurer le bien et la prospérité de notre gouvernement.

« Voulons que la présente charte, faite de bonne foi, en présence de Dieu, pour aider à la civilisation de notre pays, soit une garantie pour notre ami J. Lambert, en même temps qu'elle sera pour lui un témoignage de notre reconnaissance, afin de l'aider à former cette Compagnie que nous désirons voir se constituer le plus tôt possible, afin qu'elle soit un gage de notre parole royale qu'il ne nous est plus permis de retirer. »

Antanarivo, 8 Alakarabo 1862 (8 novembre 1861).

RADAMA II.

Par le roi :
Le Ministre des Affaires étrangères,
Signé : RAHANIRAKA.

Le Commandant en chef,
Signé : RAINILAIARIVONY.

Le Ministre de la justice,
Signé : RAINIKETAKA.

« Je certifie la présente traduction conforme à la charte malgache donnée par S. M. Radama II à M. Lambert, le neuf novembre mil huit cent soixante et un.

Antananarivo, le 13 septembre 1862.

Le Consul de France,
Signé : LABORDE.

M. Lambert s'engage à donner à S. M. Radama et à ses successeurs le dix pour cent sur les bénéfices nets que la Compagnie fera.

Antananarivo, 19 asombole 1863 (19 sept. 1862).

Paraphé : RR. — R. H. R.

Signé : RAINILAIARIVONY — RAINIKETAKA.

Je certifie véritable l'article additionnel à la date du 12 septembre 1862.

Le Consul de France,
Signé : J. LABORDE.

Vu signer, contre-signer et sceller :

Le Chef de la mission française à Madagascar,
Signé : J. DUPRÉ.

Vu pour la légalisation de la signature de S. M. Radama II et celles de Rainilaiarivony, de Rahaniraka et Rainiketaka, ses ministres.
Antananarivo, 13 septembre 1862.

Le Consul de France,

J. LABORDE.

Seer for attestation of the signatures of H. B. Radama II and of his ministers Rainilaiarivony, Rahaniraka and Rainikateka.

H. B. M. Consulate

Antananarivo, 13 septembre 1862.

« PACKENHAM ».

H. B. M. Consul for Madagascar.

Extrait des pouvoirs donnés par Radama II à M. J. Lambert.

« Je ne saurais trop vous engager à faire tout ce qui dépendra de vous, pour que la Compagnie que vous formerez commence le plus tôt possible ses opérations. »

Texte de la dernière déclaration faite par Radama II à M. Lambert au moment de son départ.

« Moi, Radama II, par la grâce de Dieu et la volonté nationale, Roi de Madagascar et protecteur des lois, déclare par ces présentes n'avoir jamais concédé à aucune autre Compagnie que celle qui doit être formée par M. J. Lambert, en qui j'ai confiance, l'exploitation générale de l'île de Madagascar.

Antananarivo, le 30 septembre 1862.

« Signé : RADAMA II ».

Le bénéfice de la précédente concession a été transmis par M. Lambert à la Compagnie de Madagascar, suivant convention réglée par acte de Roquebert, notaire à Paris, le 8 mai 1863.

(Extrait de la brochure intitulée : *Compagnie de Madagascar*, page 101. Paris 1867.)

DÉCLARATION

Des droits de la France

PAR LA CHAMBRE DES DÉPUTÉS

DU 6 FÉVRIER 1846

Dans la discussion de l'Adresse de 1846, un paragraphe fut proposé, à titre d'amendement, sur l'expédition de Madagascar, qui se préparait à cette époque, et dont le commandement devait être confié au général Duvivier. La rédaction suivante, proposée par M. Billault, fut adoptée dans la séance du 5 février.

« La France n'abandonne aucun de ses droits (sur Madagascar) ; elle ne se refuse à aucun des sacrifices que lui imposent des intérêts aussi graves, mais elle attend de la prudence de son gouvernement qu'il ne s'engage pas sans la nécessité la plus absolue dans de lointaines et onéreuses expéditions. »

(*Moniteur* du 6 février 1846).

Dans la discussion qui précéda ce vote, M. Guizot, ministre des Affaires étrangères, M. l'amiral Mackau, ministre de la marine, proclamèrent le maintien intact des droits de la France. M. Billault, M. Berryer, M. Ternaux-Compans et tous les orateurs s'associèrent à ces déclarations, même ceux opposés à l'expédition, que plusieurs d'entre eux repoussaient par ce motif que, risquant d'être faite de concert avec les Anglais, elle compromettrait les droits de la France. Le débat ayant paru contraire aux projets du gouvernement, le cabinet y renonça, et l'expédition fut abandonnée.

ARRÊTÉ

Concernant la prise de possession des îles Nossi-Bé et de Nossi-Cumba.

St-Denis, 13 février 1841.

AU NOM DU ROI,

Nous, Gouverneur de l'île de Bourbon et de ses dépendances, vu l'acte daté du 13 du mois de djoumad 1256 de l'hégire, 14 juillet 1840, par lequel la reine des Saclaves, de l'avis de son conseil a fait cession au roi des Français de tous ses droits de souveraineté sur les pays situés à la côte-ouest de Madagascar et sur les îles Nossi-Bé et Nossi-Cumba ; vu la dépêche de M. le ministre de la Marine et des Colonies, sous le timbre de la direction des Colonies, la date du 25 septembre et le N° 336.

Considérant que les droits de la France sur Madagascar et les îles qui en dépendent résultent de l'antériorité de sa prise de possession et de son occupation d'une partie de cette grande île à une époque où les autres nations n'entretenaient que peu ou point de relations avec ces pays et n'y avaient aucun établissement stable;

Que la France n'a jamais renoncé à ses droits à cet égard, puisqu'elle les a invoqués et proclamés toutes les fois que les circonstances l'ont exigé;

Que de même que l'Angleterre fonde son droit de souveraineté sur le continent de la Nouvelle-Hollande sur le fait de la prise de possession de Botany-Bay, de même on ne saurait contester à la France la souveraineté de toute l'île de Madagascar par application du même principe et en conséquence de la prise de possession par elle et de l'occupation de diverses parties de la côte-est, notamment du fort Dauphin, de Foulpointe, Tamatave, la baie d'Antongil, etc.;

Qu'il en résulte que la cession faite par la reine des Saclaves et les chefs placés sous son autorité ne peut être considérée que comme une nouvelle reconnaissance des droits antérieurs de la France sur cette partie de Madagascar, précédemment ou actuellement occupée par les tribus saclaves;

Considérant qu'il est nécessaire de régulariser l'occupation des îles Nossi-Bé et Nossi-Cumba et d'y organiser le service;

Sur le rapport du Commissaire ordonnateur et le Conseil privé entendu;

AVONS ARRÊTÉ ET ARRÊTONS ce qui suit:

Art. 1er. — Les îles Nossi-Bé et Nossi-Cumba, situées sur la carte nord-ouest de Madagascar, forment une dépendance de l'île Bourbon.....

Art. 6. — Il ne sera porté aucune atteinte, sous quelque prétexte que ce soit, aux mœurs, usages et coutumes des diverses tribus qui résident ou qui pourront venir s'établir à Nossi-Bé et Nossi-Cumba; elles conserveront leurs juges naturels. Toutefois, en matière criminelle, ou toutes les fois qu'il s'agira de l'application d'une pénalité quelconque, les parties auront leurs recours devant le Conseil particulier, qui prononcera définitivement. . . . .

Art. 9. — Les commissaires, après avoir notifié à la reine des Sackaves l'acceptation du gouvernement français de la cession qu'elle a faite de ses droits, dresseront procès-verbal de notre prise de possession des dites îles.

Art. 10. — Le commandant particulier sera immédiatement investi du commandement militaire, de la direction de l'administration et des travaux. L'officier de marine le plus élevé en grade commandera les bâtiments et la rade et sera membre du Conseil d'administration ci-après indiqué.

Le commissaire nommé par nous sera chargé, pendant son séjour, des négociations à entamer et à conclure avec les chefs indigènes, et des rapports avec la reine Tsouméko et la population de ses îles. . . . .
. . . .

Signé : DE HELL.
Contre-Amiral, Gouverneur de Bourbon,

Le Commissaire-Ordonnateur,
ACH. BÉDIER.

(Extrait du *Bulletin de l'île de Bourbon*, année 1841, tome IV.)

PROTESTATION DE M. BLÉVEC

Commandant de Sainte-Marie de Madagascar

Contre le titre de Roi de Madagascar

Pris par Radama Ier le 15 août 1823.

Le document est rapporté dans son entier par le capitaine Carayon, dans son histoire de l'établissement français de Madagascar, pages 197 et suivantes ; nous en détachons le dispositif :

En conséquence le commandant de Sainte-Marie, considérant que les injustes prétentions du roi Radama ne reposent que sur son prétendu du titre de roi de Madagascar qui, n'étant fondé ni en droit ni en fait, ne peut être considéré que comme un véritable abus de mots qui ne doit pas constituer lui-même un droit.

Proteste solennellement, au nom de Sa Majesté Louis XVIII, roi de France et de Navarre, et des chefs Madécasses, ses vassaux, contre le prétendu titre de roi de Madagascar, illégalement pris par le roi des Hovas et contre toutes les conséquences directes ou indirectes, qu'on voudrait en faire résulter.

Déclare qu'il ne lui reconnaît aucun titre à la possession légitime de quelque partie que ce soit de la côte-est de Madagascar.

Proteste contre toute occupation faite ou à faire des ports de cette côte dépendant de Sa Majesté très chrétienne.

Proteste en outre, contre toute concession qu'on pourrait ou qu'on aurait pu octroyer aux divers chefs Madécasses qui se sont reconnus dépendants de Sa Majesté très-chrétienne : concessions qui serait évidemment l'ouvrage de la séduction et de la violence, et qui, en admettant qu'elles fussent volontaires, ne pouvaient annuler les déclarations antérieures des mêmes chefs, ni à plus forte raison, les droits anciens et imprescriptibles de la France.

Fait à l'Hôtel du Gouvernement de Port-Louis, île de Sainte-Marie, le 15 août 1823.

Le Commandant particulier des établissements français de Madagascar,

BLÉVEC.

Le Conseil d'administration, au nom duquel cette protestation fut faite, se composait de MM. Blévec, président ; Albrand, colon ; Duval, chirurgien-major de la marine, Garnier, sous-officier d'artillerie de marine ; Martin, faisant fonction de secrétaire greffier ; et de MM. Thoreau de Moletard, commandant de la goëlette *La Bacchante* ; Penaud, commandant de la goëlette le *Sylphe* ; Carayon, officier d'artillerie en congé.

ARRÊT DU CONSEIL D'ETAT

Concernant Madagascar

DU 4 JUIN 1686

« Le Roi s'estant fait représenter en son Conseil, Sa Majesté, y estant, son édit d'Aoust 1664 pour l'establissement de la Compagnie royalle des Indes Orientales par lequel Sa Majesté aurait en l'article 29 entr'autres choses donné et concédé à la dite Compagnie, l'Isle de Madagascar ou de St-Lauran avec les isles circonvoisines, forts et habitations qui pouvaient y avoir esté construits par ses sujets pour en jouir par la dite compagnie en toute propriété et seigneurie, sans autre réserve que la foy et hommage lege à Sa Majesté et à ses successeurs Roys, sous la redevance d'une couronne et d'un sceptre d'or du poids de 100 marcs au cas marqué par le dict article 29.

La déclaration de Sa Majesté du mois de février 1685 pour l'establissement d'une nouvelle compagnie pour faire le commerce des Indes, portant aussy entr'autres choses qu'en cas que, la dicte nouvelle Compagnie trouvast à propos de renoncer à la propriété et seigneurie de la dicte isle de Madagascar ou de St-Lauran, elle demeurera déchargée de la foy et hommage lige, ensemble de la redevance portée par le dict article 29 de l'édit de 1664.

La délibération prise en l'assemblée des directeurs généraux de la dite compagnie à Paris le 16 novembre 1685 ; par laquelle il aurait esté arresté que Sa Majesté sera supliée de les décharger de la garde de la dicte Isles de St-Lauran ou de Madagascar, à la propriété et seigneurie de laquelle ils renoncent, ensemble de la foy et hommage et redevance portée par le dict article 29 de l'édit de 1664 ;
. . . . Tout considéré,

« Sa Majesté, estant en Conseil, en conséquence de la renonciation faite par la compagnie des Indes orientales à la propriété et seigneurie de Madagascar que Sa Majesté a agréée et approuvée, a réuny et réunit à son domaine la dicte isle de Madagascar forts, habitations et dépendant et mouvant compris dans la concession portée par l'édit d'establissement de la compagnie des Indes orientales du mois d'Aoust 1664, pour par Sa Majesté et disposer en toute propriété, seigneurie et justice tout de même et ainsy qu'elle aurait pu faire auparavant son dict édit, et en conséquence demeurera la dicte compagnie des Indes orientales déchargée comme dès à présent, Sa Majesté la décharge de la foy et hommage lige et de la redevance d'une couronne et d'un sceptre d'or du poids et au cas mentionné par le dict article vingt-neuf, et pour l'exécution du présent arrest toutes les lettres nécessaires seront expédiées.

BOUCHERAT.

Août-Septembre 1683— Lettres patentes du roi, Août 1683, enregistrées le 1ᵉʳ Septembre 1684, pour la fondation de la Compagnie des Indes Orientales.

Louis XIV « Nous nous sommes principalement attaché au commerce qui provient des voyages de long cours, étant certain, et par le raisonnement ordinaire naturel, et par l'expérience de nos voisins, que le profit surpasse infiniment la peine et le travail que l'on prend à pénétrer dans les pays si éloignés ; ce qui, de plus, est entièrement conforme au génie et à la gloire de notre nation, et à l'avantage qu'elle a, par dessus toutes les autres, de réussir avec facilité, en tout ce qu'elle veut entreprendre. »

Art. 29. — Nous avons donné, concédé et octroyé, donnons, concédons et octroyons à la dite Compagnie, l'île de Madagascar, ou Saint-Laurent, avec les îles circonvoisines, forts, habitations qui peuvent y avoir été construites par nos sujets ; et en tant que besoin est, nous avons subrogé la dite Compagnie à celle-ci devant établie pour la dite île de Madagascar, en conséquence du contrat de délaissement fait par les intéressés de la dite Compagnie, avec les syndics de la nouvelle, passé par le notaire au Châtelet de Paris, le jour du présent mois, que nous avons approuvé et ratifié, approuvons et ratifions, par ces présentes, pour en jouir par la dite Compagnie, à perpétuité et en toute propriété, seigneurie et justice, ensemble des droits contenus au précédent article, ne nous réservant aucun droit ni devoir pour tous lesdits pays compris en la présente concession, que la seule foi et hommage-lige que la dite Compagnie sera tenue de nous rendre, et à nos successeurs rois, avec la redevance à chacune mutation de roi, d'une couronne et un sceptre d'or, du poids de 100 marcs.

Art. 30. — Sera tenue, ladite Compagnie, établir des ecclésiastiques dans les dites îles de Madagascar et autres lieux qu'elle aura conquis.

Les conditions avaient été examinées et arrêtées au conseil le dernier jour de mai 1684. L'at. 22 portait : « Que Sa Majesté aura la bonté de donner et accorder à la dite Compagnie, entre autres, la justice haute, moyenne et basse qui est attachée à la Seigneurie et propriété ci-devant accordée pour la dite île de Madagascar, et autres circonvoisines, le pouvoir et faculté d'établir des juges pour l'exercice de la justice souveraine dans toute l'étendue desdits pays... »

DOCUMENTS

relatifs à Madagascar

20 Septembre 1643 — Ratification du pouvoir donné par le grand maistre de la navigation de mettre en mer des vaisseaux armés en guerre et marchandises et de négotier et d'establir des colonies françaises aux Isles de l'Orian.

LOUIS, et tous ceux, etc... Salut.

« Le feu cardinal, duc de Richelieu, comme grand maître chef et surintendant de la navigation et commerce de France, ayant, de son vivant, en vertu du pouvoir à lui donné par notre très honoré Seigneur et Père, le Roy desfunt, que Dieu absolve, accordé, donné et octroyé au sieur Rigault l'un de nos capitaines entretenus en la Marine pour notre marine et ses associés, leurs héritiers et aians cause, plain pouvoir et permission d'envoyer aux Isles de Madagascar, costes de Mozambic et aux Isles et terres adjacentes de l'Orian des vaisseaux armés en guerre et marchandise affin d'y établir un négoce et colonie de François pour le bien et utilité de ce royaume suivant et ainsi qu'il est porté par la concession qui lui en avait esté faiste à cette fin en datte du 28 janvier 1642. Et, désirant, de nostre part apporter tout ce qui peut être requis pour l'entretien de la navigation, des voyages de long cours, aux autheurs et entrepreneurs auxquels nous voulons à l'avenir donner toutes les protections et assistement à nous possibles pour leur établissement et manutention de leurs négoces affin que par cette facilité et sans nostre appuy ils se portent plus librement à former des compagnies pour la descouverture des navigations longtaines et en rapporter eux mesme en notre royaume, les avantages que nos sujets sont obligés de mandier à grands cousts aux autres nations de l'Europe. Nous avons, conformément à l'atrest de notre Conseil du 15 février 1642, y attaché avec la coppie collationnée de la dicte concession, confirmé, loué, ratisfié et approuvé, confirmons, louons, rastifions et approuvons le contenu au dict pouvoir et concession.

Voulons, ordonnons et nous plaist qu'elle son plain et entier effet. Et que du contenu en icelle le dict Rigault et ses associés, héritiers, successeurs et aians cause jouissent plainement et paisiblement sans qu'il y soit contrevenu en quelque sorte et manière que ce soit, sur les peines portées par icelle.

« Sy donnons en mandement à notre très cher cousin le Duc de Fronsac, marquis de Brezé, grand maître chef et surintendant général de la navigation et commerce de France, nos officiers de la Marine et aux officiers à qu'il appartiendra que le contenu en la dicte concession, ils fassent entretenir, garder et observer et d'icelle jouir et user

le dict Rigault, ses associés leurs héritiers et aians cause, faisant cesser tout trouble et empeschement quelconque. Et commandons à tous huissiers et sergents de faire pour l'exécution, d'icelle en vertu des présentes nonobstant clameur de Laro, chartre normande, prise à partie ou autres choses à ce contraires pour lesquelles ne sera différé. Car, etc.
« En témoin, nous donnons etc à Paris le 10 septembre 1643. »

On recherche en vain aux archives de la Marine et de l'Etat l'acte primitif de 1642, au sujet duquel Flacourt s'exprime ainsi :

« L'an mil six cent quarante deux, le sieur Rigault, capitaine de la Marine, obtient de feu Monseigneur l'Eminentissime Cardinal, duc de Richelieu, chef et surintendant général de la Marine, navigation et commerce de France, pour lui, et ses associés, la concession et privilège d'envoyer seuls en l'île de Madagascar et autres îles adjacentes, pour là y ériger colonies et commerce, ainsi qu'ils adviseraient bon être pour leur trafic, et en prendre possession au nom de Sa Majesté Très-Chrétienne, laquelle concession leur fut octroyée pour 10 années à l'exclusion de tous autres sans la permission des associés qui pour cet effet fournissent une compagnie, or la concession fut confirmée par Sa Majesté Très-Chrétienne, et fut enregistrée au greffe de son conseil d'Etat, et l'année suivante confirmée de rechef par Sa Majesté à présent régnant. »

ADRESSE AU ROI

SUR

La Colonisation de Madagascar (1)

Sire,

Au milieu des maux présents et des inquiétudes de l'avenir, nos regards se portent toujours avec confiance sur le Trône d'où sont descendues, tant de fois, les paroles les plus rassurantes pour les Colonies.

La loi du 24 avril autorise les Conseils coloniaux à présenter des adresses au Roi sur toutes les questions qui intéressent les populations dont ils sont les organes. La prompte et complète Colonisation de Madagascar importe si essentiellement à l'avenir et au salut de Bourbon, que, malgré notre réserve extrême dans toutes les questions qui sont plus particulièrement du domaine des pouvoirs métropolitains, il nous est impossible de garder plus longtemps le silence.

Une disette récente vient de nous révéler plus profondément tout le danger de notre situation. Notre sol se refuse à la culture des céréales. La fréquence des ouragans ne nous permet plus de compter sur les plantations de vivres. L'industrie sucrière, véritable aliment du commerce métropolitain, a d'ailleurs envahi nos campagnes. Les riz de l'Inde peuvent, d'un moment à l'autre, être frappés de taxes prohibitives, et nous échapper.

L'occupation de Madagascar peut seule assurer notre approvisionnement en grains et en bœuf.

Commission. — MM. Ch. Desbassyns, A. Brunet, Greslan, Armanet, Ruyneau de Saint-Georges rapporteur.

Sans les troupeaux que nous tirons de cette grande île, la viande, aliment indispensable sous un climat aussi débilitant que le nôtre, manquerait absolument à nos troupes, à nos marins et à notre population. Il est vrai que jusqu'ici le gouvernement des Hovas a laissé une sorte de liberté à notre commerce ; mais cette tolérance incomplète est accompagnée de tant d'exigences, d'injustices et de vexations, de tant de symptômes d'une haine mal déguisée, qu'il est facile d'en prévoir le terme. Et cependant si les ressources alimentaires que nous fournit Madagascar venaient à nous être enlevées, notre existence même serait en péril.

Sous un autre rapport notre population prend un grand développement. Une jeunesse nombreuse et intelligente remplit nos écoles. Mais il nous est impossible de n'être pas inquiets sur le sort qui lui est réservé : l'espace manquera bientôt ; les fonctions judiciaires et administratives, d'ailleurs si restreintes, sont en général réservées aux métropolitains ; toutes les carrières industrielles sont encombrées. Dans une telle situation, les pères de famille ne peuvent être trop alarmés sur l'avenir de leurs enfants. C'est donc sous l'empire des plus vives perplexités que nous vous demandons, Sire, la réalisation d'un projet que la France entretient depuis plus de deux cents ans. Aucun Gouvernement n'aura été plus digne que le vôtre de l'exécuter.

Et ce qui redouble l'ardeur de nos vœux à cet égard, c'est que la conquête de Madagascar peut seule assurer notre nationalité. Nous sommes ici au centre de la domination anglaise ; ses vaisseaux et ses armes nous enveloppent de toutes parts. Isolés, et sans aucun point d'appui, que deviendrions-nous au milieu de la guerre? Oui, les colons de Bourbon sont dévoués à la France et au Roi ; oui, le drapeau français sera défendu ici avec autant d'intrépidité que sur aucun autre point de l'Empire ; mais la nécessité nous accablera : les vaisseaux français, endommagés par la tempête ou le feu de l'ennemi, s'éloigneront de nos côtes qui ne peuvent leur offrir aucun abri, et, à défaut du fer, la faim nous subjuguera. Mais, avec Madagascar, nous sommes inexpugnables ; notre dévouement ne sera plus stérile : nous sommes assurés de transmettre le pavillon de la France aux générations qui nous suivront.

Au milieu de tant et de si graves préoccupations, notre respectueuse intervention vous paraîtra, Sire, suffisamment justifiée. Nous n'avons plus qu'à entrer dans le développement des grands intérêts qui sollicitent de vous la colonisation de Madagascar. Mais auparavant il ne sera peut-être pas sans quelque utilité de rappeler sommairement les titres de la France à la souveraineté de cette île, successivement appelée **Ile Dauphine** et **France-Orientale.**

La souveraineté de la France sur Madagascar ressortira avec éclat du simple récit du passé. La grande île africaine nous appartient au même titre que Java à la Hollande, la Nouvelle-Zélande et l'Australie à l'Angleterre. Et en effet, c'est un principe fondamental du droit international européen, que toute terre nouvelle appartient à la première puissance qui y plante son pavillon. Et ce principe a été tellement fécond en conséquences heureuses pour les principaux états de l'Europe, qu'aucune de ces puissances n'oserait sérieusement le mettre en question. Voyons donc, en fait, quelle est la situation de la France vis-à-vis Madagascar.

A peine Vasco de Gama avait-il franchi le cap de Bonne-Espérance, que les navigateurs français, dans la mer des Indes, montrent leur pavillon sur les côtes de Madagascar, s'abritent dans ses ports, et entrent en relations avec ses habitants. Le 24 juin 1642, des lettres-patentes de Louis XIII, confirmées le 16 septembre 1643 par Louis XIV, accordent la concession de l'île, et le droit exclusif d'y commercer pendant dix années, à la Compagnie française de l'Orient, dont le fondateur fut le capitaine de marine Rigaut.

Cette compagnie ne tarde pas à se dissoudre, et ses privilèges sont transmis à la Compagnie des Indes-Orientales par un édit du mois d'août 1664, dont nous transcrivons ici littéralement l'article 29 :

« Nous avons donné, concédé et octroyé, don-
« nons, concédons et octroyons, à la Compagnie de
« l'île Madagascar ou Saint-Laurent, avec les îles
« circonvoisines, forts et habitations qui peuvent y
« avoir été construits par nos sujets, et, en tant
« que de besoin est, nous avons subrogé ladite
« compagnie à celle ci-devant établie pour la dite
« île de Madagascar, pour en jouir par ladite com-
« pagnie à perpétuité, en toute propriété, seigneu-
« rie et justice, etc. »

Le 1er juillet 1665, nouvel édit confirmatif ; on y remarque ces expressions : « L'île Madagascar
« que nous avons concédée à la Compagnie des In-
« des-Orientales par notre déclaration du mois
« d'août 1664, aux conditions y mentionnées, comme
« nous étant le seul souverain qui y ait présente-
« ment des forteresses et des habitations, etc. »

Enfin, l'île de Madagascar a été définitivement réunie à la couronne de France par un arrêt du Conseil d'Etat sous la date du 4 juin 1686. En voici les termes :

« Tout considéré, sa Majesté étant en Conseil,
« en conséquence de la renonciation faite par la
« Compagnie des Indes-Orientales à la propriété
« et seigneurie de l'île de Madagascar, que sa
« Majesté a agréée et approuvée, a réuni et réu-
« nit en son domaine ladite île de Madagascar, forts
« et habitations en dépendant, pour par sa Ma-
« jesté en disposer en toute propriété, seigneurie
« et justice. »

Certes, il est impossible d'examiner des actes de souveraineté plus positifs, plus solennels et plus conformes aux principes du droit international. Sans doute il y a eu des intervalles dans l'occupation ; les vicissitudes politiques, les révolutions que nous avons traversées en ont été la cause. Mais l'intention de conserver Madagascar, de ne pas laisser périmer notre droit, est écrite à chaque page de notre histoire. Sur ce seul point peut-être, en ce qui touche nos relations extérieures, la politique de la France a toujours été constante et ne s'est jamais démentie.

Un administrateur d'un mérite éminent, M. de Flacourt, qui prit le gouvernement de l'île en 1648, disait en son vieux langage aux malgaches qui voulaient le faire roi (*Relation de l'île Madagascar* page 304, déposé à la Bibliothèque royale) : « Je « leur fis entendre à tous que ce n'était pas moi « qu'il fallait qu'ils reconnussent pour roi, n'en « étant pas digne ; mais Louis de Bourbon, Roi de « France, mon seigneur et mon maître que je ser- « vais en ce pays et pour qui j'avais conquis leur « terre, sans les avoir attaqués, et moi, pour re- « présenter sa personne ; et quand il viendrait un « navire, il viendrait un autre gouverneur en ma « place, qu'ils reconnaîtraient comme moi, dont ils « furent tous contents. »

Au massacre des Français au Fort-Dauphin en 1672, il est répondu par la déclaration énergique du 4 juin 1686. En 1774, le comte de Béniowski conduit une expédition française sur les côtes de Madagascar ; des établissements importants se forment dans la baie d'Antongil. La jalousie du gouvernement de l'Ile de France fait seule avorter cette entreprise, conduite avec courage et habileté. La Convention, au milieu de ses terribles préoccupations, ne perd pas de vue Madagascar : Lescalier y est envoyé, et déclare la facilité et l'importance de la colonisation.

En 1801, M. Bory de Saint-Vincent est chargé d'une nouvelle exploration : son rapport établit que Madagascar seul peut nous donner dans la mer des Indes la prépondérance à laquelle nous avons droit.

En 1804, le capitaine-général de Caen relève notre pavillon à Tamatave, et en fait le siége des possessions françaises à Madagascar.

En 1811, notre commandant à Tamatave est obligé de céder à une force supérieure. Sommé, le 18 février 1811, par une division navale du roi d'Angleterre, il capitule : les Anglais détruisent les forts, abandonnent le pays aux naturels, et n'y forment aucun établissement. Seulement ils maintiennent leur pavillon sur quelques points de la côte.

Le traité de Paris du 30 mai 1814 rendit à la France ses anciens droits sur Madagascar. L'article 3 stipule, en effet, la restitution de tous les établissements que nous possédons hors de l'Europe avant 1792, à l'exception de certaines possessions au nombre desquelles ne figure pas Madagascar. Il est vrai que sir Robert Farquhart, gouverneur de Maurice, prétendit que les établissements malgaches se trouvaient implicitement compris dans la cession de l'Ile-de-France ; mais cette interprétation erronée fut combattue avec fermeté par la Cour de France. La discussion fut vidée contre l'Angleterre. En vertu d'un ordre émané du gouvernement anglais le 18 octobre 1816, sir Robert Farquhart remit à l'administration de Bourbon tous nos anciens établissements, et le signe de notre souveraineté, le pavillon français, flotta de nouveau sur le littoral de l'Est du Fort-Dauphin à Fénérif.

De ce moment la politique française relativement à Madagascar reprend son cours, avec trop de circonspection sans doute, mais avec persévérance ; les plans se succèdent ; les projets les plus divers sont étudiés ; l'intention de rétablir tôt ou tard notre autorité sur Madagascar ne se dément pas un seul instant. En 1818, une commisson est chargée d'explorer de nouveau la côte orientale ; cette exploration, à laquelle concourut M. le baron Makau, alors capitaine de frégate, aujourd'hui ministre de la marine, affermit le gouvernement dans ses projets de colonisation. A la fin de décembre 1821, une expédition commandée par M. Sylvain Roux s'établit sur la petite île de Sainte-Marie, qui, placée vis-à-vis Tintingue, parut un préliminaire indispensable pour l'occupation de la grande terre. Depuis, la France a manifesté sa volonté par l'expédition de 1829, commandée par M. Gourbeyre, qui n'a échoué que par l'insuffisance des moyens et l'inexpérience de l'officier qui commandait les troupes du débarquement. Tout récemment encore l'occupation de Nossi-Bé en est un nouveau et éclatant témoignage ; et même les considérants de l'arrêté de prise de possession, promulgué à Bourbon et publié dans les journaux de Maurice, ont rappelé implicitement la souveraineté de la France sur la grande île, sans aucune réclamation de la part du gouvernement anglais.

Dans cette tâche que le gouvernement a remplie, de prévenir toute prescription contre nous, le concours individuel ne lui a pas fait défaut. Des négociants, aux vues étendues, et qui ont pressenti l'avenir, ont constamment maintenu leurs établissements particuliers dans un pays où ils étaient journellement menacés. Par là ils ont contribué à empêcher la désuétude, et en ramenant constamment l'attention de votre gouvernement sur Madagascar, ils ont rendu un véritable service public. Ce qu'il y a de plus remarquable, c'est qu'au milieu de cette œuvre de colonisation de Madagascar si souvent interrompue, mais toujours reprise, aucune contradiction formelle n'a jamais été produite par aucun cabinet européen. Pendant deux cents ans les flottes espagnoles, portugaises, hollandaises, anglaises, ont côtoyé Madagascar sans jamais soulever aucune prétention ou rivalité.

Depuis 1642, c'est-à-dire depuis notre déclaration de souveraineté, les nations de l'Europe les plus jalouses de former des établissements à l'est du cap de Bonne-Espérance ont respecté nos droits. Dans le siècle précédent on s'est disputé avec acharnement chaque point du littoral de l'Inde et de l'archipel d'Asie ; le sang des Européens versé par des Européens a coulé sur tous les rivages de l'Océan indien. Madagascar seule n'a été la cause, l'objet ou le prétexte d'aucune de ces luttes opiniâtres. Sur ce théâtre, d'ailleurs trop souvent témoin de nos revers, nous n'avons jamais eu à combattre que les indigènes.

Une reconnaissance tacite, universelle de notre souveraineté de la part de toutes les puissances de l'Europe, résulte évidemment d'une abstention aussi remarquable et aussi prolongée. Notre droit ainsi demeuré intact semble un fait providentiel.

Cette grande île nous a été conservée afin que sous votre règne, Sire, la perte du Canada, de l'Inde, de Saint-Domingue, de la Louisiane, de Maurice, soit enfin réparée, et notre ascendant maritime reconquis.

Sous un autre rapport, la question de Madagascar engage au plus haut point l'honneur national, qui, placé sous votre sauvegarde, ne recevra jamais aucune atteinte ; et, nous ne craignons pas de le dire, il serait gravement compromis si jamais une autre domination que la nôtre s'établissait définitivement sur cette île appelée autrefois la France-Orientale. Ce serait là pour notre puissance un échec encore plus déplorable que le funeste traité de 1763, qui nous enleva l'Inde et le Canada et nous fit déchoir de notre rang maritime : parce que, dans l'état actuel du monde, Madagascar perdue, aucune autre compensation n'est possible. Mais nous ne saurions nous arrêter à de pareilles craintes : la volonté de tous les gouvernements qui vous ont précédé est manifeste ; la vôtre ne l'est pas moins ; chaque année nos établissements malgaches figurent au budget de l'Etat. Ces établissements n'ont par eux-mêmes aucune valeur ; ils ne sont réservés que comme protestation de notre droit sur la grande terre. L'occupation de ces différents points n'est qu'une confirmation répétée, et à laquelle les chambres s'associent annuellement, des édits de 1664, 1665 et 1686. Ce n'est pas sous votre règne, Sire, que la France peut perdre une souveraineté fondée par vos prédécesseurs, maintenue par tant d'actes législatifs, que le temps a consacrée et que la France s'est ménagée constamment au milieu de toutes les vicissitudes de notre politique et de nos plus affligeants revers.

Nous croyons superflu d'insister davantage sur une question si évidente ; cette discussion même était sans doute inutile ; mais témoins par nous ou par nos pères de tous les faits relatifs à Madagascar, nous avons cru devoir vous apporter un témoignage qui est le fruit d'une étude locale, et de l'examen le plus approfondi et le plus consciencieux.

En outre, indépendamment de nos droits incontestables sur Madagascar, les sujets de guerre les plus légitimes et les plus nombreux y appellent nos armes et en consacrent d'avance la conquête aux yeux même de la politique la plus scrupuleuse. Nous ne serons pas les agresseurs. Depuis 1813, une peuplade a surgi qui aujourd'hui opprime toutes les autres. Descendue des hauteurs d'Emirne, secondée originairement, il faut le dire, par l'influence anglaise, elle a successivement étendu sa domination sur toutes les parties de la côte orientale. Le premier de ses rois, Radama, était entré avec fermeté et générosité dans les voies de la civilisation ; mais depuis sa mort, en 1828, les plus effroyables scènes de barbarie se succèdent sans interruption à Emirne. Le massacre, l'incendie, le tanguin, sont les seuls moyens de gouvernement de la reine Ranavalo, ou plutôt de ceux qui gouvernent en son nom. Les tribus qui nous étaient le plus anciennement dévouées gémissent toutes maintenant sous le joug le plus tyrannique. Les Antacars, les Betsimsara, les Bétanimène, les Anosy, n'ont recueilli de notre alliance qu'une servitude plus dure et une haine plus violente de la part de leurs oppresseurs. Mais les Hovas ne se bornent pas à appesantir leur tyrannie sur nos anciens alliés, nous sommes particulièrement l'objet de leur dédain et de leur haine ; ils n'ont cessé de nous harceler sur ces portions du territoire auxquelles une occupation constante avait définitivement imprimé le cachet de notre nationalité : cette horde barbare nous chasse devant elle ! Notre pavillon a successivement disparu de tous les points de la côte orientale, du Fort-Dauphin, de Tamatave, de Foulpointe, de Fénérif, et maintenant, en attendant des jours plus heureux, il est réduit à se cacher dans les îlots qui, à l'est et à l'ouest, ceignent Madagascar. Le drapeau de ces nouveaux conquérants a été élevé en triomphe là où ont flotté si longtemps les nobles couleurs de la France ! Nous ne craignons pas de l'affirmer, si leur insolence n'est enfin réprimée, non contents d'accabler de leurs outrages les Français que le commerce conduit à la grande terre, ils viendront bientôt nous attaquer jusque sur les rochers de Sainte-Marie et de Nossi-Bé. Leur audace ne connaît plus de bornes. Le drapeau français foulé à leurs pieds, lors de la prise de Fort-Dauphin en 1824 ; les dépouilles de nos soldats égorgés à Foulpointe en 1829, conservées et dérisoirement exposées dans les palais improvisés de Tamatave, les remplissent d'une folle présomption. La force seule peut désormais les ramener à une attitude convenable. La voie des négociations est épuisée ; toutes les propositions de la France ne peuvent dorénavant qu'exciter leur dédain et exaspérer leur orgueil. Tel est l'état des choses, Sire ; nous vous l'exposons avec vérité. Vous trouverez d'ailleurs tous ces faits consignés dans les rapports officiels de votre Gouvernement. Ainsi donc, jamais sujet plus légitime de combattre ne fut donné à aucun peuple. Examinons maintenant si, poussés à bout par les injustices et la violence des Hovas, nous avons l'espérance fondée de créer à Madagascar une grande et importante colonie.

Il ne serait certes pas raisonnable de chercher dans le passé des arguments contre l'avenir. Toutes les tentatives qui ont été faites jusqu'à ce jour sur Madagascar n'ont été que partielles, et, par l'insuffisance des moyens employés, étaient en dehors de toutes les conditions de succès. En outre, une fatalité politique, qui ne se renouvellera pas toujours, s'est attachée jusqu'aujourd'hui à toutes nos entreprises. A peine Louis XIII a-t-il déclaré sa souveraineté sur Madagascar qu'il descend dans la tombe, où le cardinal de Richelieu l'avait précédé de quelques mois. Les agitations de la Fronde et les troubles d'une minorité orageuse paralysent ensuite toute action gouvernementale. Louis XIV, sans perdre un seul instant de vue Madagascar, porte cependant sa principale attention sur l'Amérique du Nord et sur l'Inde, où l'antagonisme de l'Angleterre l'oblige à concentrer ses efforts. La faiblesse de Louis XV ne l'empêche pas de préparer un armement considérable pour Madagascar ; il en confie le commandement au comte de Béniowski ; mais ce prince expirait dans son château de Versailles, au moment même où Béniowski atteignait les rivages du Fort-Dauphin. Néanmoins, la colonisation allait s'accomplir sous ce chef intelligent et hardi, lorsque la jalousie odieuse du gouvernement de l'Ile-de-France vint tout enrayer. Béniowki contrarié, traversé, poussé en quelque sorte à la révolte, périt le 23 mai 1786, atteint par des balles françaises. Depuis, la révolution a éclaté, et les préoccupations violentes de la Convention, du Directoire et de l'Empire ne permirent pas de mener à fin les projets de la politique française sur Madagascar ; la Restauration elle-même a succombé au moment où, par l'expédition Gourbeyre, elle venait de témoigner sa volonté bien arrêtée d'ajouter cette colonie à nos possessions. Il semble, Sire, que la Providence ait réservé à votre règne de couronner cette œuvre si glorieuse tant de fois interrompue et que l'instinct national n'a jamais pu se résoudre à abandonner. Jamais circonstances ne furent plus favorables. Les Sakalaves, nos alliés, maintiennent leur indépendance sur toute la côte Ouest, où ils ont été refoulés ; ils n'attendent que notre apparition pour se porter en avant. Toutes les tribus de l'Est, du Sud et du Nord, impatientes du joug odieux que leur ont imposé les Hovas, n'aspirent qu'à le briser. Ces dispositions morales des peuplades de Madagascar nous sont connues par des rapports journaliers et dont la véracité ne saurait être douteuse. Nous avons l'intime conviction que vous trouverez les mêmes renseignements consignés dans les documents officiels de l'administration de la Marine; et non-seulement les Hovas sont environnés de tribus secrètement ennemies, mais la peuplade conquérante elle-même, profondément divisée, est à la veille de se dissoudre ; la reine Ranavalo, portée au pouvoir par le peuple et l'armée, a contre elle le parti des princes réfugiés sur les côtes, à Nossi-Bé ou aux îles Comores ; l'héritière du prétendant Ramanatek est en ce moment à Anjouan environnée de chefs coalisés qui n'attendent que le moment favorable pour rentrer sur la grande terre. On assure que, pleine d'appréhensions et fatiguée d'une situation aussi violente, la reine elle-même se propose d'abdiquer. Quels nombreux et puissants éléments de succès !

Et d'ailleurs il ne s'agit plus, comme autrefois, d'attaquer un point unique de la côte et d'y attendre fatalement les ravages de la fièvre. Par les soins de votre Gouvernement, les études les plus sérieuses, les plus approfondies ont été faites. Un ancien gouverneur de Bourbon, M. le contre-amiral de Hell, peut fournir les renseignements les plus précis. C'est au cœur qu'il faut frapper le gouvernement des Hovas ; c'est sur leur Capitole qu'il faut se porter directement ; c'est à Tananarive que doit se résoudre la question qui s'agite depuis deux cents ans dans les conseils de la France. Les trésors qui s'y trouvent et toutes les ressources financières du pays tomberaient immédiatement en nos mains et seraient une première indemnité qui allégerait les charges de l'expédition et pourvoieraient, dans une certaine proportion, aux besoins de l'avenir. Une fois bien établis dans le district d'Emirne, nous rayonnerons du centre à la circonférence. Tous les plateaux de l'intérieur offrent un climat aussi sain que celui de la France. Les documents les plus authentiques, qui doivent être déposés au ministère de la Marine, ne peuvent laisser à cet égard aucun doute ; et c'est même ce qui a fait la base de tous les succès obtenus par les Hovas : malades, comme nous, sur le littoral, à peine sont-ils atteints par la fièvre, qu'ils regagnent les hauteurs d'Emirne, et se retrempent dans une température européenne. Ainsi, c'est par les tribus soumises qu'ils occupent en général le littoral, et en transplantant les hommes du Sud au Nord, et réciproquement. C'est leur exemple qu'il faut suivre. Ils nous ont tracé la route dans laquelle nous devons marcher. Leur gouvernement, à part les expédients affreux tirés de l'emploi du tanguin, est parfaitement constitué ; nous n'aurons qu'à le continuer ; seulement nous substituerions la civilisation à la barbarie, et peu à peu, sous l'influence irrésistible de la persuasion, les plus déplorables superstitions feraient place à cette religion du Christ, qui n'est jamais descendue sur aucun peuple sans l'ennoblir et le civiliser !

De la côte Ouest à Tananarive, s'ouvre une route praticable à l'artillerie. Les canons de gros calibre donnés par les Anglais et transportés sur les hauteurs d'Émirne en sont la preuve. Quant aux troupes que les Hovas pourraient nous opposer, elles sont disséminées en différents postes qui s'étendent depuis le Fort-Dauphin jusqu'au cap d'Ambre. Il nous est impossible d'en préciser le chiffre; mais ce que nous pouvons affirmer, c'est que tremblants devant les Yolofs, les Hovas sont incapables de résister à l'impétuosité française réglée par la discipline européenne. Les peuplades asservies, qui font aujourd'hui leur force, hâteraient leur défaite dès qu'une intervention sérieuse de notre part aurait donné le signal d'une insurrection générale. Et les Hovas eux-mêmes, frappés journellement par les confiscations, décimés par le tanguin, se rallieraient bientôt à un gouvernement régulier et juste qui assurerait leur vie et leurs fortunes, et garantirait l'avenir de leurs familles. Lorsqu'on sort des généralités et du champ des théories pour entrer dans le domaine des faits précis et positifs, on ne peut assez s'étonner qu'une opinion se soit manifestée à la tribune nationale, où l'on représente Madagascar comme une future Algérie à quatre mille lieues de la Métropole. Il nous est impossible de voir entre les deux pays un seul point de comparaison, mais partout, au contraire, des dissemblances et des oppositions. En Algérie, une nationalité indestructible, un même lien religieux, un fanatisme violent, une incroyable ténacité de volonté. A Madagascar, au contraire, aucun esprit national ; vingt peuplades diverses, pleines de rivalités et de haines les unes à l'égard des autres ; un culte vague, à peine caractérisé, n'exerçant aucune autorité sur les esprits ; une tendance prononcée de la part d'un grand nombre de tribus, à s'abandonner aveuglément à la direction que la France voudra leur imprimer. Madagascar offre donc, par sa constitution morale, politique et religieuse, autant de chances favorables à la conquête, que l'Algérie offre de chances contraires. Peut-on raisonnablement s'arrêter à des objections de cette nature ? Et d'ailleurs, malgré les sacrifices considérables que l'Algérie impose à la France en hommes et en argent, nous n'en considérons pas moins la colonisation de cette vaste contrée comme éminemment utile à la France, et comme une des plus grandes gloires de votre règne.

Nous devons aborder maintenant, Sire, une objection beaucoup plus grave, c'est celle qui est fondée sur l'insalubrité du climat. On ne peut nier qu'on ne soit exposé sur le littoral à des fièvres intermittentes ; la cause en est facile à découvrir : les rivières, obstruées à leur embouchure par le refoulement des sables, répandent leurs eaux le long des rivages et y forment d'immenses marécages ; là se décomposent toutes sortes de débris et cette abondante végétation intertropicale qui croît, se développe et périt avec tant de rapidité ; des vapeurs pestilentielles s'en exhalent ; de là, la fièvre et ses ravages. Mais la cause peut en être facilement amoindrie ou paralysée : les forêts abattues, les terres défrichées, l'écoulement artificiel des eaux rendraient bientôt les côtes de Madagascar aussi saines que celles de Bourbon. Et d'ailleurs, est-ce que le génie de la civilisation a jamais reculé devant la fièvre ? L'insalubrité des Antilles est bien autrement meurtrière, et vingt colonies remplissent le golfe du Mexique. Aucune île n'a atteint un degré plus élevé de richesses que Saint-Domingue avant sa fatale révolution, et cependant une peste redoutable semait incessamment la mort, parmi ses habitants. Cayenne et la Guyane ne restent pas fermées à notre industrie parce que la fièvre y règne. Ces établissements, au contraire, se développent chaque jour, et devant eux s'ouvre le plus brillant avenir. Java, sous un climat funeste aux Européens, grandit sans mesure ; avec Java, la Hollande se console de toutes ses pertes, et même du démembrement de la Belgique. Grâce à l'admirable persévérance des Hollandais, Batavia est aujourd'hui le centre du commerce et de la civilisation dans l'archipel d'Asie. Pour aucun peuple du monde, l'insalubrité du climat n'a été une cause de découragement et de retraite. Le génie de l'homme s'attaque au climat lui-même, et par la persévérance de ses efforts, par une heureuse combinaison de travaux, il parvient à le modifier et à l'assainir. Ainsi, des fièvres endémiques dans plusieurs départements de France, et notamment dans le département de la Charente-Inférieure, sont devenues plus rares ou ont disparu sous l'influence des défrichements et des irrigations qui préviennent la stagnation des eaux. D'ailleurs, votre Gouvernement, Sire, l'a déjà constaté, tous les plateaux du centre de Madagascar jouissent d'un climat parfaitement sain et d'une admirable température. Eh bien, nous l'avons déjà dit, c'est là qu'il faut d'abord s'établir pour rayonner ensuite jusqu'au littoral ; et à l'exception des ports les plus importants qu'il faut occuper immédiatement, la conquête et la culture doivent descendre simultanément au fur et à mesure de l'assainissement.

Oui, Sire, l'occupation de Madagascar nous paraît d'une exécution facile, si on l'entreprend avec des forces convenables. Nous n'entrerons dans aucun détail ; nous avons la conviction que des documents complets existent à cet égard au ministère de la Marine. Nous dirons seulement que c'est de l'armée d'Afrique, accoutumée à la guerre dans l'Atlas, qu'il faudrait tirer la force militaire destinée pour Madagascar. Une ou deux compagnies des tirailleurs d'Orléans et un régiment d'Yolofs devraient en faire partie. Nous croyons que cinq ou six mille hommes, qu'appuieraient certainement un grand nombre de volontaires de Bourbon, suffiraient peur l'expédition. Il nous reste à examiner maintenant si la colonisation de Madagascar est véritablement d'une haute importance pour la France.

Madagascar a 235 lieues du nord au sud, et 80 lieues dans sa plus grande largeur de l'est à l'ouest ; sa superficie est à peu près égale à celle de la France. Les terres s'y élèvent en amphithéâtre jusqu'aux plateaux de l'intérieur, et offrent successivement toutes les températures. Les cultures intertropicales et celles mêmes d'Europe s'y trouvent dans les plus admirables conditions. De la baie d'Antongil à celle de Bombétock, en passant par le cap d'Ambre, se rencontrent des ports magnifiques et par une latitude exempte de coups de vent. La baie de Diégo-Suarès et celle de Passandava sont égales ou supérieures à celle de Rio-Janeiro. Des terres prêtes à être ensemencées, des forêts vierges, s'étendent le long de leurs rivages. Nos vaisseaux trouveront là, non seulement un abri parfaitement sûr, les moyens de défense les plus efficaces, mais encore des bois magnifiques et l'approvisionnement le plus abondant. Jamais M. de Labourdonnaye n'eût fait ses belles campagnes de l'Inde, si glorieuses pour notre pavillon, si Madagascar ne lui eût fourni les incroyables ressources de son territoire.

Madagascar est la reine de l'Océan indien. Ce que l'Angleterre est par sa situation géographique vis-à-vis l'Europe, Madagascar l'est en Afrique et en Asie. Situés à l'entrée de la mer des Indes, cette île domine à la fois le passage du cap de Bonne-Espérance, le canal de Mozambique et le détroit de Babel-Mandeb ; elle est la clé des deux routes de l'Inde. Quand les Français y seront une fois solidement établis, nulle puissance au monde ne pourra les en chasser : ils y seront inexpugnables. Le territoire est assez vaste pour recevoir une population de 30,000,000 d'habitants.

Madagascar dans tout son développement industriel, commercial, agricole, est préférable à l'Inde. Défendue de tous côtés par la mer, elle est à l'abri de ces irruptions soudaines qui ont tant de fois attaqué l'Inde par la frontière de terre, et l'ont fait passer sous le joug. Les expéditions récentes des Anglais dans l'Afghanistan témoignent assez avec quelle vive sollicitude le gouvernement de Calcutta tourne constamment ses regards vers la frontière du Nord ; Madagascar, par sa position insulaire, est à jamais à l'abri de pareilles appréhensions.

Depuis le traité de Paris de 1814, le rôle de la France est nul, du cap de Bonne-Espérance au cap Horne ; le pavillon anglais règne souverainement dans la mer des Indes, dans le golfe Arabique, la mer d'Oman, le golfe Persique, le golfe du Bengale, la mer de Chine et le grand Océan. Dans la Micronésie, l'archipel d'Asie et la Polynésie, il n'est plus une seule île importante où quelque puissance de l'Europe n'ait planté son drapeau. Java ne suffit plus à l'activité de la Hollande, Bornéo et Sumatra sont progressivement envahis. Il n'y a plus de terre nouvelle que Madagascar. Du reste, cette île, la plus importante du monde après Bornéo et l'Angleterre pour son étendue, peut, par son admirable situation, compenser abondamment tous les accroissements de puissance qui se réalisent au profit de nos rivaux. Mais les moments sont précieux. Aujourd'hui toutes les circonstances militent en notre faveur ; peut-être que demain des obstacles insurmontables surgiront, et ne laisseront plus à votre Gouvernement que de stériles regrets. Pour exprimer sur ce sujet toute notre pensée en peu de mots, nous croyons que notre domination solidement établie à Madagascar suffit pour nous faire remonter au rang de puissance maritime de premier ordre. Et, quoi qu'en ait dit un homme d'état célèbre, c'est là une noble ambition, c'est l'ambition de la France ; et tant que les trois mers qui l'environnent baigneront ses rivages, elle n'y renoncera pas!

Indépendamment de ces grandes considérations politiques, Madagascar ouvre un immense débouché à l'excédent de notre population en France ; le travail libre peut y être organisé sur une vaste échelle. Notre commerce y trouve, immédiatement et avant toute colonisation, trois millions de consommateurs. Nos bâtiments peuvent en exporter de suite du fer de première qualité, du charbon de terre, des gommes de toute nature, la nacre, des cornes, des peaux, de l'orseil, des bois de construction de toute sorte. En vain on objecterait que l'Algérie peut nous tenir lieu de Madagascar. Cette possession, d'ailleurs si importante, est en dehors de la zone torride et se refuse à la plupart des cultures intertropicales; par ses produits, elle offre même l'inconvénient de faire concurrence à nos départements du midi. D'ailleurs l'Algérie n'a pas de port, n'alimente pas la navigation de long cours, la seule importante au point de vue de la puissance militaire. Elle offre en outre tous les inconvénients de la domination sur un continent qui résiste toujours par quelque endroit, qui engage toujours d'une guerre dans une autre, et qui, n'étant jamais soumis que partiellement, fait toujours redouter de nouvelles agressions.

Telles sont les considérations que le Conseil colonial a cru devoir porter au pied du Trône. Les Français de Bourbon sont les seuls enfants que la France ait conservés dans la mer Indo-Africaine. Nos yeux sont constamment frappés de la haute importance de l'île qui nous touche. Des récits journaliers nous révèlent l'immensité de ses ressources. Notre devoir, Sire, était de vous dire la vérité; nous l'avons accompli. Votre haute sagesse et votre patriotisme feront le reste.

Sire, vous avez donné au monde un mémorable exemple, celui d'une dynastie nouvelle qui se fonde par la conciliation des partis, la modération et la paix. Vous avez consolidé et étendu la domination de la France en Algérie; donnez lui Madagascar, et vous aurez plus fait pour l'agrandissement et la gloire de cette patrie, dont vous êtes le Père, qu'aucun de vos prédécesseurs, sans en excepter ceux que le génie des conquêtes a le plus favorisés.

Nous sommes avec le plus profond respect,

De Votre Majesté,

Sire,

Les très humbles, très obéissants
et très fidèles serviteurs.

Le Président du Conseil colonial,

Bellier de Villentroy.

Les Secrétaires,

Letainturier, — Toulorge.

Délibéré et adopté à l'unanimité dans la Séance du 1er Juillet 1845.

APPENDICE

Le Conseil colonial ne pouvait se défendre des plus sinistres pressentiments. Il venait de les consigner dans son Adresse, lorsqu'une sanglante catastrophe est venue les justifier. Nous savions que la cour d'Emirne n'entretenait son luxe grotesque que par les rapines, que le vol et le brigandage étaient l'unique fondement de sa puissance. Mais les nouveaux excès ont dépassé toutes nos prévisions. Tranquilles, sous la garantie du droit des gens, nos compatriotes, que de fausses et perfides démonstrations avaient attirés ou retenus à Madagascar, reçoivent tout à coup l'ordre général de leur expulsion. On leur donne vingt jours pour liquider leurs affaires ; c'est-à-dire qu'ils sont chassés et leurs biens confisqués !

En vain le commandant de la station navale de Bourbon, M. le capitaine de vaisseau Desfossés, homme de cœur et d'intelligence, intervient avec promptitude et prudence. En vain votre nom, Sire, celui de la France et de la Grande-Bretagne dont les pavillons s'unissent, sont invoqués pour obtenir quelque adoucissement à une semblable proscription ; aucune parole de paix n'est écoutée, toutes les voies de conciliation sont dédaigneusement repoussées. Sans doute tant de violence n'est pas demeurée impunie : Tamatave porte encore la trace sanglante de la juste indignation de nos soldats et de nos marins, qui n'ont jamais montré plus de dévouement et d'héroïsme. Mais si à l'aspect d'une poignée de Français et d'Anglais, qui avaient confondu leurs rangs, les Hovas n'ont pas osé un seul instant tenir la campagne, et sont demeurés ensevelis dans leurs casemates fortifiées, nous n'en avons pas moins à gémir sur des pertes cruelles ; le sang français a coulé, de nobles victimes de l'honneur national ont succombé, et laissent après elles d'inconsolables douleurs. Nos compatriotes, outrageusement chassés, n'en ont pas moins leurs établissements ruinés et leurs fortunes détruites ! L'approvisionnement de Bourbon n'en est pas moins paralysé et compromis !

Sire, le cri de notre patriotisme ne retentira pas vainement aux pieds de votre Trône ! Saint-Jean d'Ulloa foudroyé est un monument glorieux de votre sollicitude active pour les intérêts du commerce national ; et, nous ne craignons pas de le dire, jamais au Mexique la dignité de la France n'avait été à ce point méconnue et insultée ! Ce ne sont pas d'ailleurs de vaines indemnités qu'il s'agit de réclamer ici. Au milieu des sentiments pénibles qui nous oppressent, permettez-nous, Sire, de vous exprimer toute notre pensée. C'est à Emirne qu'il faut marcher, c'est sur les ruines du gouvernement tyrannique des Hovas qu'il faut inaugurer notre domination ; partout sur notre passage accourront les tribus opprimées, impatientes de nous seconder, et de venger leurs humiliations et leurs défaites ; et par la conquête de Tananarive, un même jour doit être pour les populations malgaches le signal de leur délivrance, et pour la France une ère nouvelle de grandeur et de puissance maritime !

Ouvrages et articles publiés en français ou traduits d'une langue étrangère.

ADINAL. — Les fêtes du 1ᵉʳ de l'an à Madagascar ; art. inséré dans les études religieuses du 15 janvier 1868.

ACKERMAN. — Histoire des révolutions de Madagascar, depuis 1642 jusqu'à nos jours. Paris, 1833, in-8.

BARBIÉ DU BOCAGE — Madagascar, possession française depuis 1632, avec une carte dressée par A. Malte-Brun. Paris, 1862, in-8, A. Bertrand.

DE BARRY. — Lettre de M. de Barry à M..... de l'Académie des sciences, sur l'état des mœurs, usages, commerce, cérémonies et musique de l'isle de Madagache. Paris, 1764, in-8.

BENXOWSKI (comte de) — Voyages et mémoires écrits par lui même en français. Paris, 2 vol. in-8. 1791.

BILLARD. — Voyage aux Indes Orient-les de 1817 à 1820. Paris in-8, 1822.

BOISDUVAL. — Faune entomologique de Madagascar, Bourbon et Maurice, 1833, in-8.

BROSSARD DE CORBINY. — Un voyage à Madagascar, janvier 1862, brochure in-8.

CAILLIATE — Madagascar, ses luttes politiques et religieuses, art. publié dans la Bibliothèque universelle, janvier 1869.

CAPMARTIN. — Article sur Madagascar publiés dans les Annales des voyages.

CARAYON LATOUR. — Histoire de l'établissement français de Madagascar pendant la restauration. Paris, 1845, in-8.

CARPEAU DU SAUSSAYE. — Voyage de Madagascar par M. de V...., Paris, in-12, 1722.

CAUCHE (François). — Relation véritable et curieuse de l'isle de Madagascar etc., etc: Paris, A. Courbé, 1651, in-4°.

CHALLAND. — Vocabulaire français malgache. Isle de France, 1773, in-8.

CHARPENTIER. — Histoire de l'établissement de la compagnie des Indes orientales, Paris, 1666, in-4°.

F. COIGNET. — Excursion sur la côte N. E. de Madagascar, Paris, 1868, in-8, (extrait du bulletin de la société de géographie.)

TH. DAY. — Histoire et voyages du Petit Jacques à l'île de Madagascar, (imité de l'Anglais par Mlle S. C., Paris, 1827, 3 V. in-18.

MACÉ — DESCARTES. — Histoire et géographie de Madagascar depuis la découverte en 1506 jusqu'au récit des derniers événements de Tamatave, 1846, Paris, in-8.

J. DUPRÉ. — Trois mois de séjour à Madagascar, Paris, 1863, in-12 avec carte.

DE FAVIÈRES. — Elisca ou l'habitante de Madagascar. Drame lyrique en 3 actes, Paris, 1812, in-8.

E. DE FLACOURT. — Histoire de la grande Isle de Madagascar, ou relation de ce qui s'est passé en cette île depuis 1642 jusqu'en 1655, Paris, 1658, in-4°.
Autre édition, Troyes et Paris, de 1661, avec une relation de ce qui s'est passé ès-années 1655, 1656 et 1657.

E. DE FLACOURT. — Dictionnaire de la langue de Madagascar, Paris, 1658, in-8.

Fontmichel. — Voyage à Madagascar en 1823 et 1824, Paris, 1830, in-8.
Gabonne. — Mémoire sur l'île Madagascar, Paris, 1844, in-8.
A. de Grasse. — Aperçu d'un projet relatif à la fondation d'une Colonie repressive à Madagascar etc., Paris, 1837, in-4°.
C. Guillain. — Documents sur l'histoire, la géographie et le commerce de la partie occidentale de Madagascar, Paris, 1845, in-8, avec carte.
— Histoire du grand et admirable royaume d'Antongil, ou l'île de Madagascar, Paris, 1616, Roman philosophique publié sous les initiales. J. D. M. O. T.
Huet de Frobesville. — Grand dictionnaire malgache, I. de France, 2 vol. in-folio, 1830. — Collection des voyages de Mayeur à Madagascar, 6 vol. in-folio (Bourquelot.)
Laverdant (Désiré). — Colonisation de Madagascar, Paris, 1844, g. in-8°.
Legentil de la Galaisière. — Voyage dans les mers de l'Inde 1779 à 1781, 2 vol. in-4°
Legunvel de Lacombe. — Voyage de Madagascar et aux Comores, 1840, 2 tol. in-8, avec un atlas et 8 cartes, Paris.
A. Narin. — Historique des missions entreprises à Madagascar par les ordres de Saint-Vincent de Paul, Douai, 1826, in-18.
M. Edwards et Grandidier. — Observations anatomiques sur quelques mammifères de Madagascar, Paris, 1867, in-4°. — Descriptions diverses sur un mammifère nouveau, des reptiles nouveaux et des crabes d'eau douce à Madagascar, Paris, 1872, in-8.
A. Noel. — Les nouvelles fleurs du Parnasse (Voyage de l'amour à Madagascar, Lyon, 1667, pet. in-1d.
Perryman. — Colonisation de Madagascar, Paris, broch. in-8. 1873.
De Richemont (P.) — Documents sur la Compagnie de Madagascar, avec notice historique ; Paris, 1867,— gd. in 8.
Ida Pfeiffer. — Voyage à Madagascar, traduit de l'allemand et précédé d'une notice historique sur Madagascar par Francis Riaux, Paris, 1862, in-12.
R. de Pont-Jest. — Bolino le Négrier, Recueil de Souvenirs de l'océan indien, Paris, 1863, in-12.
Précis sur les établissements français formés à Madagascar, broch, in-8, Paris, 1836.
J. Sibree. — Madagascar et ses habitants, traduit de l'anglais par H. Monod ; Toulouse et Paris, 1874, in-12 avec carte.
Souchu de Rennefort. — Relation du 1er voyage de la Compagnie des Indes orientales à Madagascar, Paris, 1668, in-12.
E. Vidal. — Madagascar ; situation actuelle, Bordeaux, 1845, in-8.
Auguste Vinson. — Aranéides des îles de la Réunion, Maurice et Madagascar, Paris, gd. in-8, de 14 pl. 1865.
Voyage à Madagascar, au Couronnement de Radama II, Paris, gd. in-8, 1865.
Abbé Dalmond. — Exercices de la langue Sakalave, Ile Bourbon, 1841, in-12.
D. B. Du Bois. — Voyage aux îles Dauphine ou Madagascar et Bourbon ou Mascarenne, en 1669, 1670, 1671 et 1672 ; Paris, 1674 in-12.
De la Haye. — Journal du voyage des Grandes Indes 1670, Paris, in-12.

Ce récit se trouve dans l'histoire générale des voyages, Tome VIII, 1750, Didot.

R. P. J. FRANÇOIS LAFITEAU. — Histoire des découvertes et conquêtes des Portugais dans le *Nouveau-Monde*, Paris 1734.

A. ROCHON. — Voyages à Madagascar, au Maroc et aux Indes orientales, 3 vol. in-8 ; Paris, an X.

DE PRADT. — Les trois âges des colonies, 3 vol., in-8, Paris, 1801-1810.

CHARPENTIER COSSIGNY. — Moyens d'amélioration et de restauration proposés au gouvernement et aux habitants des colonies ; Paris, 1803, 3 vol. in-8.

AUBERT DU PETIT THOUARS. — Histoire des végétaux recueillis dans les îles australes de l'Afrique. Paris 1806.

B. D'UNIENVILLE. — Essai sur Madagascar, Paris 1838.

Baron ROUSSIN. — Notices statistiques sur les colonies françaises, 4 vol. in-8. Paris, 1840.

H. CHAUVOT. — Madagascar et la France, Paris, 1848.

GUILLAIN. — Documents sur l'histoire, la géographie et le commerce de l'Afrique orientale, 3 vol. gd. in-8, Paris.

JEHENNE. — Renseignements nautiques sur Nossi-Bé, N. Mitsiou et sur l'île Mayotte, Paris, 1850.

G. DE BARZAY. — La question de Madagascar après la question d'Orient, Paris; 1856, avec une carte.

C. O. BARBAROUX. — Aperçus législatifs, philosophiques et politiques sur la colonisation pénitentiaire à Madagascar : Paris, in-4°, 1857, avec une carte.

L. LACAILLE. — Importance et nécessité de coloniser l'île de Madagascar, Paris, 1848

E. PARNY. — Chansons madécasses (insérées dans ses œuvres) —Tome second, Paris, in-16, 1808.

D. LESCALLIER. — Mémoire relatif à l'Isle de Madagascar ; (Mémoires de l'institut national de France 1803).

RONDEAUX. — Mémoire sur Madagascar, 1813, cité par B. du Bocage.

ARNAULT MÉNARDIÈRE. — Nossi-Bé, Revue du Monde colonial, T. VIII, 1863.

A. GRANDIDIER. — Madagascar, histoire physique, naturelle et politique de Madagascar, avec planches, atlas et cartes, 1873, gd. in f° en... volumes.

J. DUVAL. — Les colonies et la politique coloniale de la France; Paris, in-8, 1864, avec une carte de Madagascar par V. A. Malte-Brun.

H. LACAZE. — L'île Bourbon, l'île de France et Madagascar, Paris, in-8, 1880.

H. LACAZE. — Souvenirs de Madagascar, gd. in-8, Paris, 1881 avec une carte.

L. LACAILLE. — Connaissance de Madagascar, 1862, Paris, in-4, avec une grande carte.

SONNERAT. — Voyage aux Indes orientales et à la Chine depuis 1774 jusqu'en 1781, Paris, 3 vol. in-8, 1782.

DE MODAVE. — Mémoire sur Madagascar inséré dans le tome 1er de l'ouvrage d'A. Rochon, 1803.

ADRESSE AU ROI du Conseil colonial de l'île Bourbon, du 1er juillet 1815, inséré dans l'ouvrage de Me Descartes de 1846.

A. BÉDIER. — Mémoire de l'Administration de Bourbon sur notre situation politique à Madagascar et sur les moyens d'y fonder une colonie française, 10 janvier 1831. Cité dans l'ouvrage de Barbaroux de 1857.

A. Gevrey. — Essai sur les Comores; Pondichéry, 1870, gd. in-8.
R. P. Langlois. — Jomby — Souby, scènes des Iles Comores, Paris, 1872, in-12.
A. Grandidier. — Madagascar, brochure in-8, Paris, 1871, (extrait du bulletin de la société de géographie) avec une grande carte.
G. Azéma. — Napoléon III et Madagascar, brochure in-8, Saint-Denis, 1861.
E. Guillemin. — Rapport sur le bassin houiller du N. O. de Madagascar, brochure in-8, Paris 1864.
Mgr Maupoint. — Madagascar et ses 2 premiers évêques, 2 vol. in-12, Paris, 1864.
F. Herland. — Essai sur la topographie de Nossi-Bé, brochure in-8, 1856, (extrait de la Revue coloniale).
F. Pollen. — Mémoires scientifiques sur Madagascar, brochure in-8, Saint-Denis, 1866.
F. S. Amand. — Madagascar, poème; brochure in-12, Saint-Denis, 1857.

Publications diverses sur Madagascar dans diverses revues périodiques

Chapelin. — Annales des voyages.
Dumaine. — Annales des voyages.
Fressange. — Annales des voyages.
Fontmichel. — (Revue des 2 Mondes, 1830).
T. Lacordaire. — Histoire des révolutions de Madagascar. (Revue des 2 Mondes de 1833).
Malte Brun. — Annales des voyages.
Page. — Une station dans l'Océan indien. (Revue des 2 Mondes, 1849).
F. Pollen. — Recherches sur la faune de Madagascar et ses dépendances. (Revue bibliographique de 1868.)
De Selys. — Longchamps. — Notes sur plusieurs odonates de Madagascar et des îles Mascariennes; Paris, 1872, in-8°, (extrait de la Revue de Zoologie.)
Noel. — Articles sur les populations Sakalaves, (Bulletin de la Société de géographie.)
G. Saint-Hilaire. — Considérations sur l'aye-aye de Madagascar. (Décade philosophique.)
Grandidier (A). — Deux rapports sur une mission à Madagascar. (Archives des missions scientifiques, 1872.)
C. Lavollée. — Les colonies et la colonisation moderne suivant l'économie politique (Revue des 2 mondes, 15 février 1863).
C. Lavollée. — Madagascar et le roi Radama. (Revue des deux Mondes, 1er octobre 1862).
L. Simonin. — Souvenir d'un voyage dans l'Océan Indien. (La mission de Madagascar). Revue des 2 Mondes, 15 avril 1864.
Henri Galos. — Rapports de la France avec Madagascar. (Revue des 2 Mondes du 1er octobre 1863).
E. Blanchard. — L'île de Madagascar, les tentatives de colonisation etc., etc. Revue des 2 Mondes du 1er juillet 1872 au 15 décembre 1872, 5 articles.
L. Simonin. — Les richesses naturelles de Madagascar, Revue maritime et coloniale, août 1862.

L. Crémazy. — L'Ile de la Réunion et Madagascar, brochure in-8, Paris, 1861.
L. Crémazy. — La question de Madagascar, brochure in-8, Paris, 1863.
L. Crémazy. — Avenir de Madagascar, *Revue du monde colonial*, tomes V et VI, 1861 et 1863.
L. Crémazy. — Colonisation de Madagascar, même revue, tome VIII, 1863.
L. Crémazy. — Madagascar, même revue, tomes IX, XII, XIII, 1863 et 1864.
Ministère de la marine et des colonies. — Notice sur Ste-Marie de Madagascar, *Revue maritime et Coloniale* tome VIII, 1863.
J. de Lamarque. — Madagascar, *Revue du monde colonial*, tome VIII 1863.
J. Laborde. — Révolution de Madagascar, *Revue maritime et coloniale*, tome VIII 1863.
F. Albrand. — Madagascar, gouvernement, caractère et mœurs des malgaches, (mémoires insérés dans le *Journal des voyages* ou archives géographiques du XIX° siècle, 1827.
Lislet-Geoffroy. — Analyse critique de la carte de Madagascar et de l'archipel N. O. de l'île de France, *Nouvelles annales des voyages*, 1821.
E. Colin. — Du cabar et du tanguin ; de la langue parlée à Madagascar, *Nouvelles annales des voyages*, 1821.
J. Duperrey. — Remarques sur l'archipel N. E. de Madagascar, même revue 1828.
P. P. Jourdain. — Notices sur les Hovas et sur l'île de Madagascar, même revue, 1839.
Frappaz. — Relation d'un voyage à Madagascar etc, collection des annales maritimes, 1820.
Gourbeyre. — Relation de l'expédition de 1829 pour la reprise de possession de Madagascar, même collection, 1830.
Bona Christave. — Note sur Madagascar, *Revue coloniale*, tome IV.
R. Desfossés. — Rapport sur le combat de Tamatave du 15 juin 1845, même revue, même tome.
F. Albrand. — Mémoire sur la province d'Anossi et le Fort-Dauphin, même revue, tome XII.
d'Avezac. — Observations sur la nomenclature et le classement des îles et archipels de Madagascar : bulletin de la société de géographie, tome VIII.
Eug. de Froberville. — Tableau de la parenté des langues de l'Afrique méridionale, 1851, même bulletin T 3.
A. Roche. — Des intérêts français dans la mer des Indes, le long de la côte d'Afrique, Revue de l'Orient, tome 1843.
Bron de Vexela. — Voyage à Madagascar et aux Comores, même revue 1846, vol. 9.
— Etablissements fondés à Madagascar par MM. de Rontaunay, Arnoux et de Lastelle, même revue, 1851, tome X.
d'Eschavannes. — Madagascar et Diégo-Suarez, même revue, 1852, tome XI.
L. Jouen. — Le christianisme à Madagascar, même revue, 1852, tome XII.
Amédée Tardieu et L. Vaisse. — Madagascar, articles publiés dans *l'Encyclopédie moderne*, tome XIX, 1859.
— Madagascar, article publié en 1856, dans le dictionnaire de la conversation et de la lecture, tome XII° 2e édition.

— Histoire générale des voyages, tomes I, III, V, VIII, Paris, Didot, 1850.
D' MILHET FONTARABIE. — Relation d'un voyage à Tananarive, (Revue Algérienne, février 1860.)
M. VOIART. — Documents historiques sur Madagascar, bulletin de la société des sciences et arts de la Réunion de 1851.
A. VINSON. — Tananarive et les Hovas, deux articles dans le même bulletin de 1861.
F. POLLEN. — Un pélerinage d'un roi Antan Kal, même bulletin de 1866.
E. POLLEN. — Description d'une espèce d'Epervier de Madagascar, 1866.
A. LEGRAS. — L'île d'Anjouan, même bulletin, même année.
RESAKA. — ou causeries (Publication mensuelle faite à Tananarive depuis 1874 par la mission catholique) le numéro de juillet 1883 est 103 ; petite brochure in-8.
CH. RICHARD. — Rapport fait aux négociants de la Réunion par leur délégué au couronnement du roi de Madagascar (inséré dans le voyage à Madagascar, d'A. Vinson).
A. GRANDIDIER. — Une excursion dans la région australe de Madagascar, chez les Antandrouis (Bulletin de la Société des Sciences et Arts de Saint-Denis de l'année 1867).
H. LACAZE. — Influence européenne à Madagascar; Population de Madagascar (2 articles publiés dans le même bulletin de 1869).
E. DOUBLET. — Quelques notes sur Nossi-Bé (même bulletin de 1870).
CHATELAIN. — De l'immigration africaine (même bulletin 1870).
A. VINSON. — Quelques observations pendant un voyage à Madagascar (même bulletin 1874.)
A. LE ROY. — Tuléar, (même bulletin 1875).
THOMY LAHUPPE. — L'émigration africaine (brochure in-8, extrait du *Moniteur de la Réunion* du 31 mars 1866.)
IDA PFEIFFER. — Relations posthumes sur Madagascar, publiées dans le *Tour du Monde* de 1861, 2e semestre.
D. CHARNAY. — Madagascar à vol d'oiseau, *Tour du Monde* de 1862, 2e semestre.
LA CLOCHE. — Journal des intérêts européens fondé à Tamatave, journal hebdomadaire.
D. DE LA BATIE. — De la communication par la vapeur entre la France et les îles de l'Océan indien (8e cahier du bulletin de la Société maritime de Paris).
LÉONCE DETCHEVERRY. — Nossi-Bé (extrait de la Nouvelle Revue du 15 novembre 1881).
MARRE DE MORIN. — Grammaire malgache, fondée sur les principes de la grammaire javanaise, 1 vol. Paris, 1876.
PASCAL CRÉMAZY. — Aperçus sur Madagascar, brochure in-8. Imp. Drouhet 1883.
ADOLPHE LE ROY. — Notes sur Madagascar, brochure in-8. Imp. Lahuppe 1884.
R. P. DE LA VAISSIÈRE. — Histoire de Madagascar, ses habitants et ses trois missionnaires, 2 forts vol. in-8, 1884.
CARTES ET PLANS. — Tous les principaux ouvrages ci-dessus cités contiennent des cartes de l'île de Madagascar ; en dehors de ces publications, il faut signaler : la Carte de Madagascar dressée sur les documents les plus récents et dédiée à S.M. Radama II, Paris, 1863. Robiquet. — Hydrographe

Principaux ouvrages publiés en langues étrangères

BOOTHBY. — Relations sur Madagascar, publiées dans la collection d'Osborne 1644.

A. BROOKE. — Relation écrite en allemand sur Madagascar (Leipzig, 1748, in-8.

COPLAND. — History of the island of Madagascar, London, 1822, in-8.

R. DRURY. — Madagascar. Or Journal during 15 years of captivity in that island, London 1732. Réimp. en 1729 et en 1807 in-8.

W. ELLIS. — Three visits to Madagascar during 1853, 1854 et 1856 London, 1858, in-8.

W. ELLIS. — History of Madagascar London 1838, 2 vol. in-8.

F. DE HOUTMAN. — Spreak eude....... Madagascar — Amsterdam 1603.

VAN HEEMSKERK. — Vocabulaire de la langue parlée dans l'île St-Laurent, Amsterdam, 1603, in-4°.

G. ARTHUSIUS. — Colloquia latinomaleyica et madagascaria, Francfort 1613, in-4.

F. MARTINEZ DE LA PUENTE. — Copendio de las Historias de las conquistas et guerras della India orientale (Madrid 1681).

ASIATIC JOURNAL. — Mars 1829 et 1835.

W. MILBURN. — Geographical description of the principal places in the east indies, 2 vol. in-4, London, 1813.

W. OWEN. — Narrative of voyages to explore Africa, Arabia and Madagascar, London, 1833, 2 vol. in-8, avec cartes.

J. FREEMAN ET D. JOHNS. — Narrative of the persécution of the christians in Madagascar, London, in-8, 1840.

TABLE DES MATIÈRES

	Pages
Le Code Hova.	5
Traité de paix et de commerce conclu le 8 août 1868 entre la France et Madagascar	8
Traité de commerce entre la France et Madagascar du 26 mai 1862.	15
Charte de concession en faveur de M. Lambert du 8 novembre 1861.	21
Déclaration des droits de la France par la chambre des députés du 5 février 1846..	25
Arrêté de la prise de possession de Nossi-Bé et de Nossi-Cumba du 13 février 1841	26
Protestation de M. Blevecq, commandant Sainte-Marie de Madagascar contre le titre de roi de Madagascar pris par Radama 1er du 15 août 1823.	28
Arrêt du conseil d'État de la couronne du 4 juin 1686 déclarant la réunion de Madagascar à la couronne de France. .	29
Lettres patentes du roi d'août 1863 pour la fondation de la Compagnie des Indes Orientales.	30
Ratification du pouvoir donné par le grand ministre de la navigation de mettre en mer des vaisseaux armés en guerre et marchandises et de négocier et d'établir des colonies françaises aux îles de l'Orion	31
Adresse au Roi sur la colonisation de Madagascar	34
Série des ouvrages sur Madagascar. . . .	55